高等教育"十三五"规划教材

SHEHUI TIYU GAILUN

社会体育概论

主 编 魏 中 王 斌

副主编 康 瑶 王 毅 王 妍

西北工业大学出版社

西安

【内容简介】 "社会体育概论"是高等学校社会体育指导与管理专业的一门专业课。本书是根据该课程的教学要求编写的,主要内容包括社会体育基本概念、社会体育的体系与制度、社会体育管理、体育产业、终身体育与不同人群体育、体育锻炼的方法、健康与促进健康的方法以及体质测定。

本书可供高等学校体育管理类专业学生使用,也可为体育爱好者了解社会体育提供参考。

图书在版编目(CIP)数据

社会体育概论/魏中,王斌主编. —西安:西北工业大学出版社,2018.2(2025.1重印)

ISBN 978 - 7 - 5612 - 5889 - 7

Ⅰ.①社… Ⅱ.①魏… ②王 Ⅲ.①体育运动社会学-高等学校-教材 Ⅳ.①G80-051

中国版本图书馆 CIP 数据核字(2018)第 039417 号

策划编辑:季 强
责任编辑:张 友

出版发行: 西北工业大学出版社
通信地址: 西安市友谊西路 127 号 邮编:710072
电 话: (029)88493844 88491757
网 址: www.nwpup.com
印 刷: 陕西向阳印务有限公司
开 本: 787 mm×1 092 mm 1/16
印 张: 11.875
字 数: 243 千字
版 次: 2018 年 2 月第 1 版 2025 年 1 月第 8 次印刷
定 价: 48.00 元

Preface

前言

"社会体育概论"是社会体育指导与管理专业的一门专业课。通过学习该课程,让学生知道"社会体育"是什么,干什么,如何用。即通过学习社会体育基本概念、管理体制、分类,体育产业,终身体育,健康与体测,结合社会实际研究社会体育问题与现象,揭示社会体育活动的规律。

在本书的编写过程中,笔者就教材的框架、内容虚心请教于行业内的前辈、专家。在"客观、易懂"原则指导下,将自己近十年来的课堂积累进行总结与提炼,查阅众多资料,力图融各家之长,以期更好地服务于课堂教学。

本书按照"12312"框架来编写。这一框架中的"1"是社会体育的概念体系(社会体育目的),"2"是社会体育的两项重要制度(全民健身计划与社会体育指导员制度),"3"是实现社会体育目的的三种途径(社会体育管理,终身体育,体育产业),"1"是社会体育锻炼的原理,"2"是社会体育的两种评价方法(健康评价与体质测定)。

本书的主要特色:

(1)框架合理。各章章首有本章提要,章末有小结与习题,融课堂讨论、课后复习与思考、知识点背景资料、附录等内容于一体,为学生课前预习、课中学习、课后复习提供方便。

(2)观点清晰、简明。简化复杂烦琐概念,使知识易于理解,便于掌握,并对易混淆概念进行区分,如体质、体能与体力的联系与区别,体育核心产业与体育产业的关系。对"社会体育"的概念及"社会体育""群众体育""大众体育"等相似概念分别予以解释。

(3)内容具有时代性。教材加入近五年社会体育热点资料,如《"健康中国2030"规划纲要》内容与产生背景、我国全民健身日、健身路径、健身房锻炼人群心理特点等知识。

(4)内容具有针对性。针对体育专业低年级新生热情与冷漠、成熟与幼稚、自大与自卑等心理"断乳期"典型特征,适时进行针对性训练,如在社会体育管理章节安排"管理者如何选人? 如何与人相处保持良好人际关系?"在第七章健康评价章节增加如何促进心理健康,提高人际关系的内容,以利于学生价值观、情感、意志等非智力因素的培养。

(5)体现校本教材特征。针对现有教材的不足,增添校本化教材内容,加入学校所处社区、拓展训练和西安地域特色等知识,激发学生学习紧迫感、班级荣誉感与爱校情感。

（6）实践性强。教材与实践紧密联系，在第四章，通过体育品牌的调查（实践报告模板见附录3），加深学生对体育产业知识的理解；社会体育指导与管理专业学生毕业可能从事教师职业，在第八章增加体测操作知识。同时在部分章节添加了延伸阅读（可扫二维码阅读）。

本书由魏中、王斌担任主编，由康瑶担任副主编。各章节的编写分工如下：康瑶（西安体育学院社会体育与休闲体育系）编写第一至三章，魏中（西安工业大学体育学院）编写第四至七章，王斌（西安工业大学体育学院）编写第八章，全书由魏中统稿。

本书受到陕西省软科学研究计划项目（2016KRM034）、西安工业大学教学改革研究项目（14JGZ08）支持，受西安工业大学教材资助基金资助，在编写教材的过程中，参考了学术界诸多专家学者的研究成果（在参考文献中标明），得到家人、领导和同事的指导与帮助，在此一并致谢！

笔者在书中力图体现"理论源于实践，受到广大师生认可的理论才有生命力"的思想，前后多次改进完善，然而受个人学识限制，实际编写成果与预定目标可能仍有一定的差距，书中定有不足之处，恳请专家、学者、同行批评指正，以期进一步完善。

编　者

2017 年 10 月

延伸阅读二维码

Contents 目 录

引　　论

习近平主席指出:没有全民健康,就没有全面小康。随着国民经济的快速发展,2010年我国已经是全球第二大经济体。保持良好发展势头的国民经济推动着我国上层建筑的发展,加速着各类信息的融合,"健康中国"的概念深入人心。目前我国公民休闲时间已经达到112天(以每周两天休息日计算)。据杨文轩教授的研究成果,中国城市居民终身的时间分配,休闲占30%以上,"体育"正如"王谢堂前燕",已嫣然"飞入寻常百姓家",以满足人民日益增长的健身健心需求。信息社会下体育学科的发展机遇与挑战并存。机遇是我们处在国泰民安、学科大发展的太平盛世,民众热爱生活、推崇文化。挑战是我们处在体育学科适者生存、体育专业竞争激烈的现实世界。亚里士多德在《物理学》中提出"任何一门涉及原理、原因和元素的学科,只有认识了这些原理、原因和元素,才算认识或领会了这门学科",从哲学史角度看,哲学孕育着教育学、心理学、体育学、社会体育学……体育二级学科发展不平衡,诸多体育原理、要素在体育与相关学科交叉融合中分化、深化、重组,推陈出新。内外因不断推动着体育学科螺旋上升式发展。

体育是指以身体活动为基本手段,以促进身心发展为主要目的的身体和社会活动。

1.体育的本质

体育的本质有3个要素:①人;②身体运动;③意识(人和运动的关系)。

2.分类

依据1995年10月1日实施的《中华人民共和国体育法》,体育可分为学校体育、竞技体育和社会体育,三者呈并列关系。

3.渊源

(1)据董安生教授考证,"体育"一词最早出现于1762年卢梭的《爱弥尔》一书中。

(2)在我国,1903年晚清《奏定学堂章程》开设"体操"(兵操),目的是增强体质、抵御外侵,"师夷长技以制夷";1923年《中小学课程纲要草案》以"体育"正式代之。

4.体育学科实际使用中的分类

根据体育学科实际情况与母学科的特点,习惯上可分类如下:

(1)自然学科类:运动生理学、运动解剖学等。

（2）人文社会学科类：体育社会学、学校体育学、体育经济学、体育行为学、体育管理学等。人文科学研究对象是人的精神文化，目的是构建和谐的精神世界，主要研究方法是解释分析；社会科学研究对象是外在于人的社会，目的是有效地管理社会服务，主要研究方法是调查实证①。其中，我国体育哲学的基础是马克思主义哲学，体现我国社会主义制度的特点。

（3）体育的专项技术学科类：三大球（篮球、排球、足球）、三小球（网球、羽毛球、乒乓球）、田径等。

5.体育院校与专业概况

根据《普通高等学校本科专业目录（2012年）》②，体育学属于教育学类，包括体育教育、运动训练、社会体育指导与管理、武术与民族传统体育、运动人体科学等5个专业。

全国专业体育院校有15所（港、澳、台地区数据不详，未统计在内），1993年天津体育学院首设社会体育专业，至2012年全国160余所院校开设社会体育专业。

---

① 张兆斌，董宏伟.体育、体育科学及相关概念辨析[J].沈阳体育学院学报，2010，29（5）：42－44.
② 中国政府网.教育部印发普通高等学校本科专业目录（2012年）[EB/OL].[2012－10－12]http://www.gov.cn/fwxx/wy/2012－10/12/content_2242157.htm.

第一章　社会体育概念体系

内容提要

　　社会体育的概念,社会体育与竞技体育、学校体育等的关系,社会体育的分类,社会体育的构成要素及其功能,我国社会体育的根本目的,社会体育学的概念,国外社会体育发展的背景,我国社会体育发展的趋势,常见的研究方法,社会体育专业发展的现状。

【本章重点】

(1)社会体育及其相关概念。

(2)社会体育的历史与现状。

(3)我国社会体育的目的。

(4)学习社会体育的意义,社会体育发展趋势。

【本章难点】

社会体育相关概念的区别与联系。

【教学方法与手段】

讲授、提问、讨论、自学、多媒体课件演示。

第一节　社会体育概述

一、社会体育的概念

　　社会体育是指社会公民自愿参加的,以增进身心健康为主要目的的内容丰富、形式多样的群众性体育活动。

二、与相似概念的比较

1.群众体育

　　群众体育是社会主义国家的提法。"社会体育"的提法先见于西方资本主义国家,而"群众体育"是社会主义国家常用的名称,蕴含政治寓意。我国从建国以来一直延用"群众体育"词组,突出我国社会主义的性质,体现党和国家对体育事业尤其是对社会体育事业的重视。

我国"奥运争光计划"和"全民健身计划"的战略方针,就是以此为理论基础的。从这个意义上讲,"群众体育"与"社会体育"相互包容。"社会体育"与"群众体育"政治出处不同,含义却殊途同归。

"群众体育"与"竞技体育"是相对的,由于参加竞技体育尤其是代表国家参加国际比赛的运动员都是本国体育界精英,故竞技体育又称"精英体育"。

2. 大众体育

大众体育是资本主义国家的提法。大众体育对应群众体育。

3. 全民健身

全民健身是指全国人民,不分男女老少,全体人民增强力量、柔韧性,增加耐力,提高协调性、控制身体各部分的能力,从而使人民身体强健,源自1995年6月20日颁布的《全民健身计划纲要》(见第二章第三节)。

4. 娱乐体育

娱乐体育是指为丰富文化生活、调节精神而进行的体育活动。

5. 余暇体育

在余暇里参加的并不带有特定目的、不拘一定形式的身体娱乐活动。

6. 社区体育

社区体育是以全体社区成员为主体,以满足社区成员体育需求,增进社区成员的身心健康,巩固和发展社区成员感情为主要目的的区域性体育活动。

社区体育的运行机制第一层为动力机制,第二层为控制机制,第三层为保障机制。发展社区体育需要:增强第一层,提升居民健身的内在驱动力;管理好第二层,发挥各管理层对社区体育服务体系的调控器作用;保障第三层,健全管理体制,建立健全软硬件健身设施与各种条件,加强社区体育指导水平,提升服务效率与能力。

7. 终身体育

终身体育是一个人在一生中进行身体锻炼和接受各种体育教育的活动。1960年在加拿大的蒙特利尔召开的国际成人教育会议上提出了有关"终身教育"的问题。1965年在法国巴黎召开的国际成人教育促进委员会会议上,法国继续教育专家朗格朗使"终身教育"成为成人教育的重要议题。保尔·朗格朗认为:"必须抛弃那种认为体育只是在一生的一个短暂的时期内进行的观点。""应当更好地使体育和整个终身教育结合起来,把它从单纯的肌肉作用、与文化隔离的状态中解放出来,把它与智力的、道德的、艺术的、社交的和公民的生活等更紧密地结合起来。"

三、社会体育的分类

社会体育按不同的分类标准可以有不同的分类。

1.按地域

社会体育按参与者所在地域可划分为城市体育、城镇体育、农村体育。

2.按职业

社会体育按参与者的职业可划分为工人体育、农民工体育、知识分子体育、公务员体育等。

3.按年龄

社会体育按参与者的年龄可划分为婴幼儿体育、少儿体育、中老年体育等。

4.按参与动机

社会体育按参与者的参与动机可划分为健身体育、健美（塑形）体育、娱乐体育、格斗体育等。

四、社会体育的基本要素

社会体育要素从二元观点出发可分为人和物,其中物可细化为场地、财务、政策、时空、管理等。

1.人

人是社会活动的主体,任何社会活动都离不开人的参与。人是主动参与还是被动参与,按参与角色可以分两类:参与者和管理者。

2.财

社会体育的大型活动离不开国家财政和企事业单位的资金投入,我国的社会体育基层组织的经费是以政府投入为主(例如:体彩收益投到体育公益事业等),各大社区练习点则是以会费等收入为主(自营收入)。

3.物

物主要是指体育活动的体育场地、场馆、服装以及运动器材(剑、扇、圈、带)等。

4.时间

社会体育开展的时间主要集中在余暇时间段,即以早、晚、周末为主。

5.空间

空间距离步行不超过15分钟。

6.信息

在体育锻炼过程中,需要根据个人情况选择适合自己的锻炼方法、锻炼强度、锻炼内容等,力求短时高效。

7. 管理

组织的正常运转离不开管理,管理方可以是官方与民间的双重多元管理。

8. 其他

社会体育的要素还有政策法规因素、营养因素、生活环境因素等。

五、社会体育的结构

社会体育的根本任务是增强全民体质、增进全民健康、促进精神文明与物质文明协调发展。社会体育是由众多子系统构成的,各个子系统彼此独立发展又相互联系、相互影响。

在社会体育不同主体的组织化程度、可调控程度和调控方式诸因素中,组织化程度和组织方式是决定性的要素。由此出发,我国的社会体育大致可分为组织化、半组织化和非组织化三类[1]。

(1)组织化的社会体育活动。主要指学校和军队的社会体育活动。学校和军队是组织化程度高的人群,二者总人数占社会体育人口总数的31.4%。

(2)半组织化的社会体育活动。主要指国家机关和企事业单位的社会体育活动。国家机关和企事业单位也是组织化程度极高的机构,这些机构对其成员的体育活动也有一定的要求,也在一定程度上参与对体育活动的组织管理。

(3)非组织化的社会体育。在城乡居民的闲暇生活中,社会体育表现出一种非组织化的状况。这里所指的非组织化,并不是绝对意义上的非组织化,因为许多健身活动的参加者都在自发形成的体育组织中。

社会体育的结构具有以下主要特点:

(1)整体性。根据马克思主义哲学的观点,社会体育各个组成部分组成了一个有机联系的整体,这个整体内部是相互影响相互联系的。

(2)稳定性。社会体育包括农民体育、中年人体育、婴幼儿体育、少数民族体育等,结构较为稳定。

(3)层次性。社会体育结构可分为深层结构和表层结构。前者包括社会体育的功能结构(健身功能、健心功能、娱乐功能等)、知识结构、智力结构(行业、学位高低不等的人)、人才结构(各行各业技术职称不等的人才)等;后者包括社会体育的组织结构(树型组织、单一型组织、混合型组织等)、年龄结构(幼儿、青年、壮年、中年、老年等)等。

(4)动态性。人、物、空间、管理等社会体育的要素随社会的发展而变化,伴随这种发展变化,社会体育发展的规模、速度、结构越发丰富多彩。

社会体育结构还分为完整结构与非完整结构。前者如健身俱乐部、体育文化发展公司、

① 谭华,赵婉华.我国社会体育的结构及运行机制[J].体育文史,2001(4):15-16.

体育经济公司等,规章制度健全,组织纪律严谨,财务、管理、营销等职能部门和子系统齐全。后者较多的是群众自发组织的结构,如自发组织的周末登山穿越、足球队、太极拳练习点等。

六、社会体育的功能

(一)健心健身功能

体育的健身健心功能是人们有意识地进行身体活动的体现,健身健心效果需要长期性、系统性、科学性的训练才能外显出来。健心健身功能是体育最本质、最直接的功能,具体表现在下述几方面①。

1.调节人的心理,使人头脑清醒、思维敏捷

体育运动可以使人大汗淋漓、心情舒畅,体内产生内啡肽,有助于使精神愉悦,能够调节人们的紧张心理、疏导不良情绪。体育锻炼有益于改善大脑的血液循环,加快新陈代谢,促进体内代谢终产物的排泄,长期坚持体育运动,有助于改善中枢神经对各器官的调节,提高神经系统的感知能力和大脑的分析判断能力。

2.促进生长发育,提高系统功能和运动能力

运动可以改善人体形态,促进青少年骨骼的生长,有利于关节稳定,增加肌肉内的营养物质(蛋白质)的含量,促进肌纤维增长;有利于提高呼吸系统功能,强化心血管系统机能,肌肉动员快,疲劳消除快,身体耐力好,恢复快;促进神经系统的发育。巴普洛夫说"肌肉的锻炼就是大脑的锻炼",运动利于神经传导效率的提高,青少年长期坚持体育锻炼,能全面发展力量、速度、耐力、柔韧、灵敏等素质,有利于一生的发展。

3.减缓各器官功能下降的速度,延年益寿

体育锻炼体现"用进废退、适者生存"的理念,促进人体内脏器官构造的改善和机能的提高,减缓因年龄带来的各器官系统功能下降的速度,保持身体健康。前国际运动医学会主席赫尔曼教授认为,每天坚持跑步10分钟,老年时心脏能年轻20岁。

体育锻炼能提高人体免疫机能。研究表明,体育锻炼可增加高密度脂蛋白,有助于溶解血块,降低血液中胆固醇的含量,预防心血管疾病的发生。

21世纪,健康产业是朝阳产业,人们越发注意生活质量,关注身体健康,未病防病尤其显得重要。体育锻炼更重要的作用主要在于未病防病,其机理研究是预防医学(有病治病则是临床医学)。体育锻炼对各年龄段的人群都有积极的健身健心效果,可以增强全民族体质。

(二)休闲娱乐功能

体育运动是一种极具感情色彩的活动,它丰富着人类的情感。运动时体内会产生内啡肽,让人情绪愉快,而且体育运动还能使人产生积极向上的荣誉感和相互交往的亲和感。可

---

① 韩鹏伟,杨建设.新编体育概论[M].西安:陕西人民出版社,2009.

以说体育活动能调节人的情感、稳定情绪(宣泄不良情绪)、抑制紧张、愉悦身心、增强自信心、增加人的感情交流。

人们实现体育休闲娱乐功能主要有两种方法[1]:一是直接参与,二是间接参与。前者体现在亲身参加体育活动,通过身体亲历,感受运动的乐趣、快感以及成就感。如参加自己喜爱的运动项目,会产生一种成就感;在与同伴的技战术配合中,产生满足感。跑步可让人学会坚持,感受到运动的高峰体验。集体项目让人体会战术配合的默契与高超。登山、自行车骑行则可以饱览名山大川,激发人们怀古评今,让人心旷神怡。后者体现在欣赏体育比赛,通过观看体育竞赛、表演,感受体育的节奏、力量、速度、激情与美感。顾拜旦在他的名作《体育颂》(见附录)中满腔热忱地歌颂了体育,他写道:"啊,体育,你就是乐趣!想起你,内心充满欢喜;血液循环加剧;思路更加开阔;条理更加清晰。你可使忧伤的人散心解闷,你可使快乐的人,生活更加甜蜜!"通过人们的亲身经历和亲身体验,体育运动彰显着休闲娱乐功能。

(三)社会交往功能

人是社会人,个体离不开社会交往。体育对人的社会交往作用主要表现在以下几方面。

1.人际交往的纽带[2]

体育是一种社会活动,人与人之间的互动是体育的基本特征。长跑中出现了"极点"时,是坚持下去还是半途而废;足球场上对方带球撞人、抢球抬脚过高是还以颜色,还是遵守足球规则淡然面对;篮球打不出战术,是赌气指责离场还是安慰加油鼓励。对这些情况适时以集体主义、赛场规范、人际关系引导教育,良好的性格品质才会逐渐养成。体育活动过程为人际交往提供了时间、空间与机会。诸多良好的人际关系可以在此形成。

2.塑造人格

让学生意识到获取比赛胜利需要靠自己的不懈训练与努力,学习不一定会成功,但是不学习不坚持是一定不会成功的。在体育竞赛中可以培养积极进取、顽强拼搏、永不言败的精神。

3.增进交流,加深友谊

体育比赛中会出现各种增进交流,加深理解的机会,如投篮不进,进攻打不好,团队想要打出特色,取得优异成绩,就必须加强沟通,在此过程中也会增加彼此间的理解,减少隔阂,发展彼此间的友谊。

(四)经济功能

经济功能主要体现在提高劳动效率,增加出勤率。现代社会生活节奏快、工作压力大,脑力劳动多、体力劳动少,人们体质下降,容易生病。进行体育锻炼有利于增强体质,减少疾病发生率,提高出勤。当今社会人们的心理易浮躁,单调的工作使人感到无聊,情绪不佳,

---

[1] 体育概论编写组.体育概论[M].北京:北京体育大学出版社,2017.
[2] 韩鹏伟,杨建设.新编体育概论[M].西安:陕西人民出版社,2009.

通过体育锻炼,可使人精力充沛,心情愉悦,有益于提高工作效率。社会体育还可以通过竞赛表演、参加文艺演出等形式,产生社会价值和经济效益。

(五)文化普及功能

体育是文化的载体,中华民族灿烂的文化里面孕育着丰富的体育文化,如:太极拳、五禽戏、八段锦、气功等。伴随全球一体化,中西方文化交流融合也越来越多,我国体育也及时享受外来先进的体育文化,如:网球比赛礼仪,跆拳道礼仪。

文化普及还表现在体育文化与知识的普及,如健身功能并不是参加体育运动的必然结果,而是需要根据科学控制好运动强度与时间。违背科学原则的盲目锻炼,对健康有害无益,如:生病期间是不宜运动的,女生生理期也是不宜剧烈运动的。

社会体育还有其他功能,如政治功能、军事功能等,限于篇幅,不一一叙述。

七、我国社会体育的目的及确定依据

1. 我国社会体育的目的

我国社会体育的目的是增进全体社会成员的身心健康,促进个体全面发展和社会文明与进步,为建设社会主义精神文明和物质文明服务。我国的社会体育目的与学校体育、竞技体育目的相辅相成,是我国的教育目的的重要组成部分。

2. 确定我国社会体育目的的依据

(1)社会发展水平。国家的政治需求决定体育发展方向,国家的经济状况决定体育发展的水平。

(2)参与个体的需求。人的发展,尤其是人的全面发展离不开体育,教育的目的是培养全面发展的个体,达成个体需求,社会需求才会得以实现,人们重视个体的需求也体现了社会发展以人为主的价值观。

八、社会体育学

1. 社会体育学概念

社会体育学是研究社会体育问题和现象,揭示社会体育活动规律的学科。

2. 社会体育学研究内容

社会体育学研究内容是社会体育活动的现象和问题。社会体育与社会体育学之间的关系是实践和理论的关系。

九、学习社会体育学的意义

1. 有利于提高对社会体育的认识,增强社会体育工作者的光荣感和使命感

学习社会体育学,能够提高对社会体育的认识,增强社会体育工作者的光荣感和使命

感。在此方面尤其是对社会体育从业者提出更高要求,更需要读体育、懂体育、用体育。

2.有利于提高体育文化修养

通过系统地学习体育理论知识,有利于我们加深对体育的认识,提高体育文化水平。

3.有利于更好指导社会体育实践

实践是检验理论的唯一标准,只有学以致用,在实践中检验理论,不断改进理论,才能更好地助力社会体育发展,为社会服务。

第二节　社会体育的发展

一、社会体育发展概况

(一)我国社会体育发展概况

我国社会体育的发展虽无其名,但早有其实,太极、导引、五禽戏、陕西红拳……从新中国建立至今,可以分 7 个阶段[①]。

(1)开创阶段(1949 年 1 月—1952 年 10 月),1952 年毛主席提出"发展体育运动,增强人民体质",同年 6 月,中华体育总会成立。

(2)探索阶段(1952 年 11 月—1957 年 5 月),期间 1954 年颁布《准备劳动与卫国体育制度》(劳卫制)。

(3)起伏阶段(1957 年 6 月—1966 年 5 月)。

(4)停滞阶段(1966 年 6 月—1976 年 9 月),这一期间体育工作难以正常开展。

(5)恢复阶段(1976 年 10 月—1984 年 9 月)。

(6)改革与发展阶段(1984 年 10 月—1995 年 2 月),中共中央发出《进一步发展体育运动的通知》,标志着我国体育进入了改革与发展的新阶段。

20 世纪 80 年代初,"社会体育"用语在我国开始被启用。80 年代末,社会体育在各种传媒中的使用频率逐渐增高,如社会体育处、社会体育中心、社会体育指导员、社会体育专业、社会体育人才……随着人本主义的回归,人们对社会体育的价值与意义有了更深的认识。

(7)系统建设阶段(1995 年 3 月至今),1995 年 6 月 20 日颁布《全民健身计划纲要》,1995 年 10 月 1 日颁布《中华人民共和国体育法》。

社会体育专业是在 20 世纪 90 年代中期我国高等院校为满足大众健身市场对体育专业人才需求而设置的新兴体育专业。1993 年天津体育学院首设社会体育专业,1994 年创办了本科专业。至 2012 年全国有 160 余所院校开设社会体育专业。2012 年社会体育专业更名

---

① 李建国.社会体育[M].北京:人民体育出版社,2004.

为社会体育指导与管理专业,办学特点与专业特色更加分明。

(二)国外社会体育发展的社会背景

卢元镇教授认为国外社会体育发展的社会背景具有以下特点[①]:

1.营养过剩,疾病多发

经济的发展是体育发展的基础,随着生活水平的提高,脑力劳动比例增大,各种心血管疾病、富贵病多发。

2.自由时间增多

发达国家由于实行了7小时工作制、5日工作制、弹性工作制和定期轮休制等制度,劳动者余暇时间普遍延长。在日本,工资照发的假期,每年共148天;美国每人每年的工作时间,比20世纪初减少1/5到4/5。大量的余暇时间为社会体育的发展提供了必要的时间保证,也需要用大量的体育活动来充实人们余暇时间的各种消遣娱乐活动。

3.人口聚集,城镇化加快[②]

大量人口集中到城市,城市人口高度密集,由于人和人的社会距离缩短,大规模社会体育活动的出现成为可能。如几百人的横渡海峡,几千人的自行车越野,上万人的马拉松比赛,几十万人从事的健身、健美活动,几百万人参加的体育协会,都不再是什么奇迹。而且大型体育设施和居民居住社区的体育场所的建立也成为一种必然的社会要求。

4.脑力劳动增多

由于科学技术的发展,从事非物质生产的人员持续增加。在各行各业中,从事脑力劳动的人数在全部就业人口中接近或超过半数,长时间伏案工作所造成的"运动不足""肌肉饥饿"影响人体健康,这已经成为普遍的社会问题。因此,社会体育具有了为知识分子阶层服务的特殊意义,知识分子成为社会体育的主要参加者,体育活动成为脑力劳动者投资的必不可少的补充。

5.老年社会趋势明显

在英国、比利时、法国平均每6～7人中就有一位65岁以上的老人。在日本,40岁以上的中老年人占总人口的1/3。中国60岁以上人口已达到10%,北京、上海等大城市比例更高,已达到了联合国规定的"老龄人口社会"。1900年威胁美国人健康的主要死亡原因是传染病,而进入20世纪六七十年代以后,已让位给老年人的常见病、多发病,如心脏病、恶性肿瘤和脑中风等。老龄化社会的突出问题就是老人的健康问题,包括疾病预防、医疗保险、精神陪护等,它直接影响着家庭和社会的稳定。老年人自身也对保持健康和延长寿命十分关注。与老年人相关的新领域、学科热点出现,如老年人服装、老年人保健药品、老年人陪护、

① 卢元镇.社会体育的社会学分析[J].福建体育科技,1997(2):4-43.
② 孙伟.国外社会体育的社会学分析[J].辽宁体育科技,2003(2):74-75.

老年医学、老年社会学、老年体育等。

6.社会体育是一种人力资源继续培训形式

社会体育有助于减少疾病的发生率,维护健康,提高人体体质,提高工作效率。长时间坚持体育锻炼不仅能提高人力资源的质量,还能汇聚团队向心力,有利于形成企业的优良文化氛围。很多企业认为这是保持企业活力的重要管理手段。因此,一些国家企业部门采取各种措施鼓励职工进行体育锻炼,并投资兴建体育馆和健身房,购置租赁海滨浴场和高山滑雪场等供员工参加体育活动。很多企业还把体育训练作为招收青年新职工的一种人才投资形式。日本为了培养员工的情操和修养,磨练耐性和体力,组织新员工到山清水秀的山寺中去打禅、讲课、锻炼身体,进行行军野外生活,培养目标一致、攻坚克难的团队精神,进而塑造深厚、系统、卓越的企业文化。

(三)我国社会体育发展趋势[①]

1.生活化

伴随生活水平的提高,群众体育已从以往的健身为主的单一目标,向娱乐、消遣、健身、交际并举的多目标发展,如花样翻新的趣味运动会、推陈出新的广场舞、快闪、跑酷等。

2.社会化

社会体育由"一家办"向"大家办"转变的格局逐步形成。目前,由企业、社团举办的面向社会的大型群众体育活动,以及以个人名义组织的体育活动和俱乐部等组织形式也屡见不鲜。尽管举办方目的多元,但繁荣群众体育,促进社会体育发展的客观结果是实际存在的。社会行为在群众体育中的作用和体育社会化的趋势越来越明显。

3.科学化

随着科教兴国战略的进一步实施,科学技术将渗透到社会体育的更多环节。

4.法制化

随着中国特色的法制体系的不断完善,我国的社会体育法规体系也将逐步完善。

5.产业化

2017年初足球运动管理中心被正式撤销,中国足协与国家体育局"脱钩"也基本完成,这被视为中国足球史上具有里程碑意义的改革进程,市场化运营的足协将利好足球行业发展。2014年国务院发布的《关于加快发展体育产业促进体育消费的若干意见》提出我国体育产业总规模到2025年需达5万亿元,未来10年内体育产业总规模需增长16倍左右,年均复合增长率约为20%。国家政策对体育产业不断倾斜,地方政府不断落实跟进,促成了体育产业良好的发展前景。体育服务行业中,竞技体育产业带动下体育场馆、体育器材市场将扩大,全民健康体育运动则将带动体育器械、大众健身等领域发展。可以预计,以市场为导

---

① 李建国,等.社会体育[M].北京:人民体育出版社,2004.

向的社会化体育经营型实体将会得到长足的发展。

二、社会体育专业发展概述

社会体育专业是在20世纪90年代中期开设的,其背景主要有两点:首先是国外发达国家已经开设了社会体育专业,并且积累了较先进的专业建设人才培养的经验;其次是国内人们日益增长的社会体育文化、社会体育活动需求与专业人才数量不足、质量不高的矛盾日显。为解决这个矛盾,顺应体育学科多元化、市场化发展的大趋势,国内高校尤其是体育专业院校开始着眼于社会体育专业设置的探索。天津体育学院于1993年在全国率先创办社会体育专科专业,1994年创办了本科专业;上海体育学院、广州体育学院也设置了社会体育专业并招生。21世纪初,伴随扩招,学科发展进入快速发展期,综合院校和师范大学纷纷开设社会体育专业。到2010年开设社会体育专业的院校总数已达到216所,成为体育本科专业中增长速度最快的专业[1]。

全国专业体育院校有(港、澳、台地区数据不详,未统计在内)[2]哈尔滨体育学院、吉林体育学院、沈阳体育学院、首都体育学院、北京体育大学、天津体育学院、河北体育学院、山东体育学院、南京体育学院、武汉体育学院、上海体育学院、广州体育学院、西安体育学院、成都体育学院等。

陕西高校开设社会体育专业的学校有西安体育学院、长安大学、西安建筑科技大学、西安工业大学、西安石油大学、延安大学、陕西理工大学。

社会体育本科专业发展到今天,取得了一定的成绩。作为新兴专业,在专业定位、专业方向、培养方案、专业建设和课程建设方面处于上升发展阶段,很多地方有待于进一步研究和改善。

三、社会体育学的研究方法

实践是检验真理的唯一方法,社会体育研究实践也是检验社会体育知识规律的方法,常见的研究方法有以下几种。

(一)访问法

访问法是访问者通过口头交谈的方式向被访者了解情况的方法。按是否见面,分为直接访问和间接访问;按人数多少,分为个别访问和集体访问;按控制程度,分为结构式访问和无结构式访问。访问法用得较多的是专家调查法,又称特尔斐法(Delphi model)[3]。美国在第二次世界大战后曾经利用此方法评估核战争对国家各方面的影响。

(二)问卷调查法

问卷调查法是调查者通过书面提出问题的方式收集资料的方法。

---

[1]　范春金,易淑梅.萍乡高专社会体育专业建设与发展问题研究[J].萍乡高等专科学校学报,2012,5(5):97-101.
[2]　解放军体育学院(广州)已于2004年7月撤销,改称"××训练基地",由正师级单位降为正团级。
[3]　李建国.社会体育[M].北京:人民体育出版社,2004.

1.问题类型

开放式(自由作答)、封闭式(是否式、选择式、评判式)、混合式。

2.问卷编制的程序

明确研究目的,确定调查对象,草拟问题,列出标题,征求意见建议,试测,完善改进。

3.问卷设计的基本过程①

(1)概念的操作化。对研究中所包含的概念给予明确的定义,确定其测量指标及测量边界,在社会研究中,将学术概念转化为基于问卷的实证性概念的过程,称为操作化,目的是使抽象概念具体可测。

问卷设计中的概念的操作化通常采用两种办法:一是通过明确界定概念边界来设计操作化定义。二是通过不断地具体化和明确化的方法来建立操作化定义。比如,在"政治文化"研究中,政治文化分为态度和目标指向两部分。前者包括人们对于政治的认知、情感及评价等;后者包括人们对政治体系、个人政治角色的评价。政治认知定义为人们对政治制度、领导人等的知晓程度,政治情感定义为国家忠诚感、社会责任感等,将个人政治角色定义为政治认知能力、政治参与能力、政治效能感等。

(2)问卷题系的编写②。问卷包括封面、指导语、甄别题目、主体题目、质量控制记录和编码六大部分。其中,封面部分主要包括记录被访者的一些基本资料,向被访者说明调查目的、内容及有关事项的致词等;质量控制记录反映有无受到他人的影响等情况;编码部分则是为量化统计方便,给每一个答案赋予的数值或代码。编写问卷的主体问题时应注意问题及选项措词严谨、通俗易懂,并适时设"其他""不知道"等选项。

(3)问卷的修改。问题顺序通常按熟悉的在前、容易的在前、不敏感的在前排列。入户面访问卷以 40～60 分钟为宜,电话访问 20 分钟内为宜。

4.问卷设计时应注意的主要问题①

(1)应当紧密围绕研究目的来进行问卷设计。要强调题目的结构化和相互之间的逻辑关联。

(2)应当尽量采用公认的,或已经他人研究证实是有效的题目和操作化方式。比如,"职业""行业""城镇居民可支配收入"等有固定的测量定义。

(3)应充分考虑对问卷信息的统计分析方案,使问卷所设的变量类型尽可能满足多种统计方法的需要。通常在问卷调查中,会使用定类、定序、定距和定比四种尺度层次递进的变量。尺度层次越高,可作的高级统计分析就越多;而低层次的尺度只能作较简单的统计分析。

---

① 风笑天.现代社会调查方法[M].5 版.武汉:华中科技大学出版社,2015.
② 范雷.社会调查中的问卷设计[J].中国社会科学院院报,2007.

5. 问卷有效回收率

有学者[1]认为，有效回收率(即回收有效问卷占总发放问卷的比例)在 50% 以上才是足够的，60% 以上才算是好的，达到 70% 就非常好。同时要注意以上数据只是概略指标，并没有统计上的基础。

(三)实验法

实验法是体育活动中通过实验，获得数据，继而统计分析，得出结论的方法。如：训练方法与运动成绩之间存在线性关系，类似二次函数 $y=ax^2+bx+c$，研究自变量 x 与因变量 y 的关系。

此外，运动人体科学经常用到跑台、台阶试验、功率自行车等工具或手段，测量获取数据(心率、血压、血红蛋白、尿蛋白、血乳酸等)，从事科学研究。

(四)文献资料法

文献资料法是通过收集分析现有文字音像资料的一种方法。随着信息社会快速发展，各种文献资料也是日新月异。文献资料法的优点是省时省力，研究费用较低，是目前开展研究较为常用的方法之一。通常使用的数据库有 CNKI、书生之家数据库等。

(五)数理统计法

数理统计法是以概率论为基础，运用统计学的方法对数据进行分析研究得出规律性的一种方法。

常见统计软件有两款。

1. Excel

Microsoft Excel 是微软公司的办公软件之一。Excel 可以进行各种数据的处理(求和、求平均数等)、统计分析和辅助决策操作，广泛地应用于管理、统计财经、金融等众多领域。

2. SPSS

最初软件全称为"社会科学统计软件包"(Solutions Statistical Package for the Social Sciences)，后随应用广泛，改名为 SPSS(Statistical Product and Service Solutions)，即"统计产品与服务解决方案"。

本章小节

"群众体育"与"社会体育"概念是传承关系，二者的词意相互包容。"群众体育"与国际用语"大众体育"相对应。社会体育学与社会体育是理论与实践的关系。重视人的发展，为两个文明建设服务是社会体育学的研究目的之一。

---

[1]　艾尔·巴比.社会研究方法[M].丘泽奇,译.北京:华夏出版社,2000.

本章习题

1. 什么是社会体育？社会体育与学校体育、竞技体育的主要区别是什么？

2. 阐述国外社会体育发展的背景以及我国社会体育发展的趋势。

3. 我国社会体育的目的是什么？

4. 学习社会体育有什么意义？

5. 社会体育的基本要素有哪些？

6. 简述社会体育的功能。

第二章　社会体育的体系与制度

内容提要

我国体育人口的评定标准,我国体育人口现状,社会体育管理的体制与功能,全民健身计划颁布的背景与内容,社会体育指导员的概念、等级。

【本章重点】

(1)体育人口的概念。

(2)社会体育体制的概念。

(3)社会体育指导员的概念、等级。

(4)全民健身计划颁布的背景与内容。

【本章难点】

全民健身计划颁布的背景与内容。

【教学方法与手段】

讲授、提问、讨论、自学、多媒体课件演示。

第一节　体育人口

当一个国家经济实力日益丰厚,人们对体育的关注就逐渐从金牌的数量转向学校体育与社会体育的发展。2017 年 1 月,全球著名财经商业类杂志《经济学人》发布了中国体育产业专题报告——《中国开赛——崛起中的中国体育健身产业》,其中指出:目前中国中产阶级人数已达2.25亿,中国消费升级正在悄然进行中,而体育消费也随之迎来了最大的市场红利。预计 2030 年个人体育消费总额将比 2015 年高出 3 倍。2016 年中国体育健身市场规模接近 1.5 万亿元人民币(约合 2 168 亿美元),其中体育产品和装备的消费占了近70%。

判断一个国家或地区社会体育的发展程度如何时,需要考虑相关政治决策、经济水平、人们的参与程度等方面,在这些资料中主要的衡量指标就是人们的参与程度、体育产业结构、体育消费水平、体育人口等。本节主要介绍体育人口及相关内容。

一、体育参与的常见类型[①]

1. 直接参与和间接参与

直接参与,指人们亲自参与各种体育活动。他们不仅有较好的体育态度、锻炼身体的习惯,也掌握了体育的基本技术和知识。直接参与又可以划分为经常性参与和偶尔参与两种方式。经常性参与者是体育人口的主体。

间接参与,亦称非实质性参与,指那些虽热爱体育运动,对竞技体育饶有兴趣,但不直接参与其间,只做体育比赛观众、看客、读者的人。我国间接参与者所占比例较大,特别在中青年人群中。将这部分人转化为直接参与者,是发展我国体育人口的重要任务。

2. 当然参与和偶然参与

在总人口中有一部分人从事专业体育工作,或职业要求经常从事体育训练,以及在规定的时间内达到了国家法定的体育标准,这部分人属当然体育参与。

偶然参与,是指经过体育教育和社会体育的感召,可能参与,也可能不参与体育的人,他们对体育的参与表现出很大的偶然性。发展体育人口既要扩大当然参与人群,又要拓展偶然参与者的数量。

3. 终身参与和间断参与

终身参与,指那些自接受学校体育教育以来,坚持至今,并能持续到老龄的人。社会成员离开学校即参加社会体育,才能终身保持参加体育活动。社会体育如何与学校体育衔接配合,是体育社会学关注的一个重要课题。

间断参与,是指社会成员离开体育教育后,因种种原因离开了体育活动,中年或老年后又恢复参加体育活动的人。受我国特殊的社会、家庭结构的影响,青壮年与中年人参加体育活动的比例很高。也有大量的居民是在进入老年前期后,由于余暇时间增多、生活条件改善、老年疾病缠身而重新参与体育活动的。

4. 主动参与和被动参与

主动参与,指人们接受了正确的体育价值观念,对体育运动和体育娱乐产生了浓厚兴趣,自觉主动地坚持体育活动。主动体育人口是体育人口中最积极活跃的部分。

被动参与,是人们迫于某种社会压力被迫进入或在特定环境下被卷入体育中来。被动体育人口在社会压力和特定环境消失的时候,就很有可能不再参与。

社会体育"说起来重要,干起来次要,忙起来不要",社会体育在体育管理中处于一个不恰当的实际位置。近年来我国社会体育迅猛发展,这是社会体育工作被人们重视的体现。

---

① 钱建龙.体育运动与身心健康[M].武汉:武汉大学出版社,2006.

二、体育人口的概念[①]

体育人口指在一定时期、一定地域里,经常从事身体锻炼、身体娱乐,接受体育教育、参加运动训练和竞赛,以及其他与体育事业有密切关系的、具有统计意义的一种社会群体。

直接参加各种身体活动,即具有亲身体育实践,是体育人口的基本特征。他们通过采取某种特定的身体练习方法,达到体育锻炼的目的,即增强体质,增进身心健康,提高运动技能,改善提高生活方式,促进人的全面协调完善发展。统计体育人口的总数固然重要,而对体育人口的年龄分布、性别分布、地域分布和职业分布做深入的探讨,更为有价值,它可以为进一步发展体育人口提出具体方案。

体育人口的年龄分布与总人口的年龄构成关系很大,有的国家属于老年人口型(即 15 岁以下人口在 30% 以下,而 60 岁以上人口在 10% 以上),有的国家属于青年人口型(即 15 岁以下人口在 40% 以上,65 岁人口在 5% 以下),也有的国家属于中间型。不同的国家体育人口分布也不同[②]。中国青少年儿童数量很大,因此发展体育人口的重点应是青少年。近年来世界各工业发达国家,老年体育人口增加很快,老年体育日益兴起,老年体育问题也日渐成为人们研究的热点话题。

对体育人口地域分布的研究,主要侧重于城乡体育人口、经济发达地区和经济落后地区体育人口的比较。我国农村、内地体育相对落后,体育人口形成以大中城市和沿海为中心而梯度减少的趋势。不同地理环境、气候条件对体育人口的增长和发展都会产生一定的影响。

三、体育人口的标准

(一)国外体育人口的标准

目前各国关于体育人口的统计条件并不统一,如英国、澳大利亚体育人口统计条件是频度条件为每周 3 次,时间条件为 20 min 以上,强度条件是中等程度;加拿大体育人口统计条件是频度条件为每周 3 次,时间条件为 30 min 以上,强度条件是中等程度以上;日本体育人口统计条件是频度条件为每周 2 次,时间条件为 30 min 以上,强度条件是中等程度以上。日本从身体活动的频度、时间、强度方面将体育人口分为 4 个等级,分一、二、三、四级体育人口,日本体育人口的评定标准[②]见表 2-1。

---

①　肖焕禹,方立.体育人口的概念、分类及其统计标准[J].体育科研.2005(1):7-10.
②　钱建龙.体育运动与身心健康[M].武汉:武汉大学出版社,2006.

表 2-1　日本体育人口的评定标准

分类	频度	时间	强度
一级体育人口	年参与身体活动 1 次以上,周参与身体活动不满 2 次的人群		
二级体育人口	每周参与身体活动 2 次以上的人群		
三级体育人口	每周参与身体活动 2 次以上的人群	每次活动时间 30min 以上	
四级体育人口	每周参与身体活动 2 次以上的人群	每次活动时间 30min 以上	活动的主观运动强度中等偏上
备注	二级以上的体育人口称之为积极型体育人口		

国际上一般把每周参加 1 次体育活动、每次活动时间 20～30 min,适宜运动强度的人群称为经常参加体育人口。把以健康、身心娱乐或以提高运动成绩为目标的每周参加 3 次体育活动、每次活动时间 20～30 min,适宜运动强度(中等以上强度)的人群称为积极主动参加体育人口,并以这两项指标作为体育人口调查统计和国际体育人口比较的标准[1]。

(二)我国体育人口的判定标准

仇军教授经推导分析得出的中国体育人口判定标准包含三方面——活动频度、运动强度和运动时间,具体指标是:每周身体活动频度 3 次以上,每次身体活动时间 20 min 以上,每次身体活动强度中等程度以上[2]。钱建龙根据"1997 年中国群众体育现状调查与研究"课题的实际调查加以修正,提出了以下的体育人口判定标准,即必须同时满足以下 3 个条件,方可算体育人口。

(1)每周身体活动频度 3 次以上。

(2)每次身体活动时间 30min 以上。

(3)每次身体活动强度中等程度以上。

我国体育人口统计条件是频度条件为每周 3 次,时间条件为 30 min 以上,强度条件是中等程度以上。从条件要求来看我国体育人口统计选择的是最高条件,而实际达到这个标准的人口比例却不高。根据 2000 年群众体育现状调查结果显示,中国积极主动体育人口为 18.3%。这是因为我国各地地理气候差异较大,民族的风俗习惯迥异,经济和体育发展程度也不同,因此以上体育人口的判定标准只是一个基础的数据,这个数据不适合于就学阶段的青少年儿童。一部分城市职工开始采取周末集中时间锻炼、娱乐、野营、旅游、比赛、表演等方法进行体育活动,体育人口如何统计?农村居民参加体育活动受季节和农村习俗影响较

① 肖焕禹,方立.体育人口的概念、分类及其统计标准[J].体育科研,2005(1):7-10.
② 仇军.中国体育人口判定标准的函数方程推导[J].天津体育学院学报,2002(2):67-68.

大,体育人口如何统计也要进一步研究。体育人口的判断分人群、年龄、职业等维度设立一些符合实际的标准,是体育工作者需要继续研究的课题。

(三)运动强度的判定方法

与体育人口联系较紧密的概念是运动强度。运动强度有相对独立的判断方法。普通人安静状态下心率 60~100 次/min,平均约在 75 次/min,通常将运动后的即时心率(颈动脉脉搏)作为运动强度的判定依据:

运动后即时心率=(220－实际年龄)×60%以下(低等强度);

运动后即时心率=(220－实际年龄)×(60%~80%)(中等强度);

运动后即时心率=(220－实际年龄)×80%以上(高等强度)。

也有资料将上面公式中"220"用"200"替代。

四、我国体育人口的基本状况

(一)我国体育人口总量与结构

1996 年我国体育人口约 1.4 亿。有学者研究认为[1]我国体育人口的总量为 4 亿多人,是名副其实的体育大国。2007 年全国约有 3.4 亿人参加过体育锻炼,"经常参加体育锻炼"的人数比例为 28.2%。据 2016 年统计数据表明[2],中国人参与体育锻炼的热情日益高涨,有 1/3 的中国人形成了经常锻炼的习惯,即 34%的中国人经常性地参与体育锻炼。这一比例意味着中国积极从事体育活动的人口达 4.34 亿。

郭宏在《20 世纪 80 年代以来我国体育人口研究述评》中认为[3],我国体育人口的比例为 31%~35%。体育人口在年龄结构上表现为青少年与老年比例显著高于中年;在性别结构上表现为男性多于女性;在职业结构上表现为非在职人员多于在职人员;在活动场所选择上主要集中在庭院、路边等非正规体育场所;在活动项目选择比例上依次为散步或跑步、羽毛球、球类运动、体育舞蹈、体操类、台球、保龄球、游泳、气功与太极拳、健身操及其他。

仇军认为中国城市体育人口年龄结构为老年型,农村体育人口年龄结构为年轻型,全国整个体育人口属于年轻型,文化结构为中等水平结构,职业结构以体力型职业为主体,不同性别体育人口职业结构中同一职业体育人口比例差距很小。参与活动的主要项目[3]是散步跑步、羽毛球、气功太极拳、乒乓球、篮排足球、徒手体操。徒手体操、民间舞蹈、散步跑步、气功太极拳、门球项目的参与率随年龄增长呈上升趋势,乒乓球、羽毛球、篮排足球、台球、保龄球、网球、游泳、跳绳项目的参与率随年龄增长呈下降趋势,旅游、武术、棋类项目的参与率随

① 田雨普.努力实现由体育大国向体育强国的迈进努力实现由体育大国向体育强国的迈进[J].体育科学,2009(3):3-8.
② 搜狐体育.中国体育人口达 4.34 亿,体育消费市场到底多火爆[EB/OL].[2017-1-29].http://sports.sohu.com/20170129/n479682493.shtml.
③ 郭宏.20 世纪 80 年代以来我国体育人口研究述评[J].中国体育科技,2007(3):36-40.

年龄增长呈平稳发展趋势,体育舞蹈的参与率随年龄增长呈先升后降态势。选择不收费场地进行体育活动是中国体育人口活动场所选择的重要特征,对公园、住宅空地、公路道旁、野外的选择随年龄增长呈上升趋势,对自家庭院、其他地点的选择随年龄增长呈平稳发展趋势。我国体育人口的年龄结构呈年轻型的基本特征(见表2-2)。

表 2-2　我国体育人口年龄分布统计

年龄 岁	16~ 20	21~ 25	26~ 30	31~ 35	36~ 40	41~ 45	46~ 50	51~ 55	56~ 60	61~ 65	66~ 70	71~ 75	76 以上
体育人口 (%)	15.33	15.14	6.03	7.35	7.85	4.82	6.31	7.28	7.86	9.57	6.85	4.13	1.50

《全民健身计划纲要》提出"积极为知识分子创造体育健身条件,倡导和推广适合其工作特点的体育健身方法,重视对中高级知识分子进行健康检查和体质测定工作[①]"。我国体育的"两头热,中间冷"的状态已持续很长时间,为了国家和民族的利益,需要我们对这一现象进行思考分析,找出最佳对策,尤其是重视知识分子的体育参与问题(中高级知识分子是国家发展、民族发展的中流砥柱),切实为他们的体育参与创造条件,全国的体育工作者多建言献策,以期为国家和民族未来的健康发展服务。我国体育人口与体育参与者群体和偶尔参与者群体相比,有向城镇、老年人、妇女、离退休人员、高文化学历和中高经济收入群体偏移的倾向。该趋势是符合社会发展规律的。

(二)我国体育人口结构[②]

1. 体育锻炼参与度

(1)6~19岁儿童青少年。调查数据显示,全国6~19岁儿童青少年在2014年都能够参加体育健身活动,有94.6%的每周参加1次及以上体育锻炼(包含体育课、课外体育活动以及校外体育锻炼)。

在校的6~19岁儿童青少年每周参加1次及以上体育锻炼的人数为99.3%,不在学校上学的这一人数为39.9%。

随着年龄的增长,6~19岁儿童青少年每周参加体育锻炼的次数减少。在每周参加1次以上体育锻炼的人群中,6~9岁人群占30.5%,而16~19岁人群仅占17.0%。

(2)20岁及以上人群。调查结果显示,2014年全国共有4.1亿20岁及以上城乡居民参加过体育锻炼,比2007年增加0.7亿人。从年龄分布看,呈现出随年龄增大参加体育锻炼的人数百分比降低的特点。其中,20~29岁人群参加体育锻炼的人数百分比最高,为48.2%,70岁及以上人群参加体育锻炼的人数百分比最低,为26.0%。

---

① 国家体育总局. 全民健身计划纲要[EB/OL]. [2008-5-8]. http://www. sport. gov. cn/n16/n1092/n16849/312943. html.

② 国家体育总局,2014年全民健身活动状况调查公报[EB/OL]. [2015-11-16]. http://www. sport. gov. cn/n16/n1077/n1422/7300210. html.

(3)经常参加体育锻炼的人群。2014 年全国经常参加体育锻炼的人数[1]百分比为 33.9%(含儿童青少年),比 2007 年增加了 5.7%;20 岁及以上的人群为 14.7%,其中,城镇居民为 19.5%,乡村居民为 10.4%。与 2007 年相比,城镇增加了 48.0%,乡村增加了 154.0%,乡村居民经常参加体育锻炼的人数百分比的增长幅度高于城镇。20~39 岁年龄人群中经常参加体育锻炼的人数百分比较低,30~39 岁年龄组仅为 12.4%,而 40 岁及以上人群经常参加体育锻炼的人数百分比较高,60~69 岁年龄组达到 18.2%。20~69 岁人群呈现出随年龄增大经常参加体育锻炼的人数百分比逐步上升的趋势。20 岁及以上人群中,受教育程度越高,参加体育锻炼的人数百分比越高。研究生人群中 25.6%能够经常参加体育锻炼,其他依次是大学(含大专)22.0%、高中(中专)18.1%、初中 12.8%、小学及以下为 8.5%。

从事非体力劳动的人群中经常参加体育锻炼的人数百分比较高,行政、企事业单位负责人中有 24.1%的人经常参加体育锻炼,其他为专业技术人员 21.1%,办事人员 20.0%,商业服务人员 15.2%,农、林、牧、渔、水利人员 8.8%,生产运输操作人员 11.9%,无职业人员 16.2%,其他人员 14.3%。

2. 体育锻炼强度

在调查的 6~19 岁儿童青少年中,90.0%的人在体育锻炼中能达到中等及以上强度。在体育课、课外体育活动和校外体育锻炼中能达到中等强度及以上的百分比分别为 80.8%,81.2%和 84.0%。

20 岁及以上各年龄组中每次参加体育锻炼达到中等强度的人数百分比最高,为 62.9%,其次为小强度,为 20.3%,有 16.7%的人进行大强度的体育锻炼。随年龄增大,采用小强度的人数百分比逐步增加,20~29 岁年龄组为 14.5%,70 岁及以上组为 42.2%;而采用大强度的人数百分比逐步下降,20~29 岁年龄组为 27.0%,70 岁及以上组为 4.0%。

3. 参加体育锻炼的项目

调查显示,6~19 岁儿童青少年在校外经常参加的体育锻炼项目是体育游戏、长跑和篮球。20 岁及以上人群经常参加的体育锻炼项目是"健身走"和"跑步",百分比分别为 54.6%和 12.4%;其他依次为"小球类(乒乓球、羽毛球、网球)""广场舞""大球类(足球、篮球、排球)"。与 2007 年相比,2014 年采用"健身走"和"广场舞"进行锻炼的人数百分比增加最多,分别提高了 12.8%和 3.9%。6~19 岁人群选择锻炼项目前 3 位的是体育游戏、跑步和篮球,20~29 岁人群选择锻炼项目前 3 位的是"健身走""球类"和"跑步";而 50 岁以后各年龄组人群主要采用"健身走"进行锻炼,百分比在 63.4%~78.7%之间。

4. 参与形式

调查显示,6~19 岁儿童青少年在校外参加体育锻炼的主要组织形式是"由同学(朋

---

[1] 国家体育总局.2014 年全民健身活动状况调查公报[EB/OL].[2015-11-16].http://www.sport.gov.cn/n16/n1077/n1422/7300210.html.

友)、同事自发组织",其他依次为"自己练习""参加校内项目俱乐部""与家人(家长)一起""参加校外体育兴趣班"和"参加业余体校"等。

调查表明,参与调查的6~19岁儿童青少年中有54.2%的人参加过学校运动会,但参加其他体育竞赛活动的人数百分比较低。在参加过体育竞赛的儿童青少年中,有37.9%的人获取过名次。20岁及以上人群参加体育锻炼主要是"自己练"和"与朋友、同事一起练习",百分比分别为38.3%和33.7%。

5.锻炼指导

6~19岁儿童青少年在校外参加体育锻炼中接受指导的百分比较高,有84.6%的人接受各种指导,自学的百分比仅为15.4%。

在20岁及以上人群中,参加体育锻炼的人群中有48.0%的人接受过体育锻炼方面的指导,比2007年提高了14.7%。接受"同事、朋友相互指导"的人数百分比最多,为32.3%,其次为"专业教练、社会体育指导员"和"其他受过相关专业训练"的人的指导,所占百分比均在5%左右。还有5%的人参照书刊、视频等资料进行体育锻炼。

20~29岁年龄组人群有60.5%的人接受过指导,60岁以上各年龄组人群接受指导的人数百分比在44.1%以下。

在20岁及以上人群中,参加体育锻炼的人中有56.5%的人是通过"自学"掌握体育锻炼技能的。通过在学校学习获取体育锻炼技能的有19.9%,参加"社会短训班"和"从事过专业训练"的分别为4.4%和2.2%。此外,17.0%的人是从其他途径获取体育锻炼技能的。

6.锻炼时长①

数据显示,在校上学的6~19岁儿童青少年有98.1%的人能够每周上体育课,每周上2~3次体育课的人数百分比最高,为81.3%;有74.2%的人能够每周参加课外体育活动,其中每周参加2次的人数百分比最高,为28.8%;每次体育锻炼的持续时间在30~59min的人数百分比最高,为67.5%。

在校外体育锻炼中,6~19岁儿童青少年每次参加体育锻炼的持续时间也是在30~59min的人数百分比最高,为60.4%;其次为持续时间在60min以上的,为21.2%;持续时间30min以内的人数百分比占到18.3%。

20岁及以上人群,在晚上参加体育锻炼的人数百分比最高,为68.9%;其次是早晨,为44.5%;在下午有22.9%的人也参加体育锻炼。每次参加体育锻炼的持续时间在30~59min的人数百分比最高,为49.6%;其次是60min以上的为31.9%;不足30min的为18.5%。从各年龄组来看,每次参加体育锻炼的持续时间在30~59min的人数百分比最高;50岁及以上人群每次锻炼时间在60min以上的人数百分比明显增加。图2-1所示是20岁

---

① 国家体育总局.2014年全民健身活动状况调查公报[EB/OL].[2015-11-16].http://www.sport.gov.cn/n16/n1077/n1422/7300210.html.

及以上人群各年龄组不同持续时间体育锻炼的人数百分比。

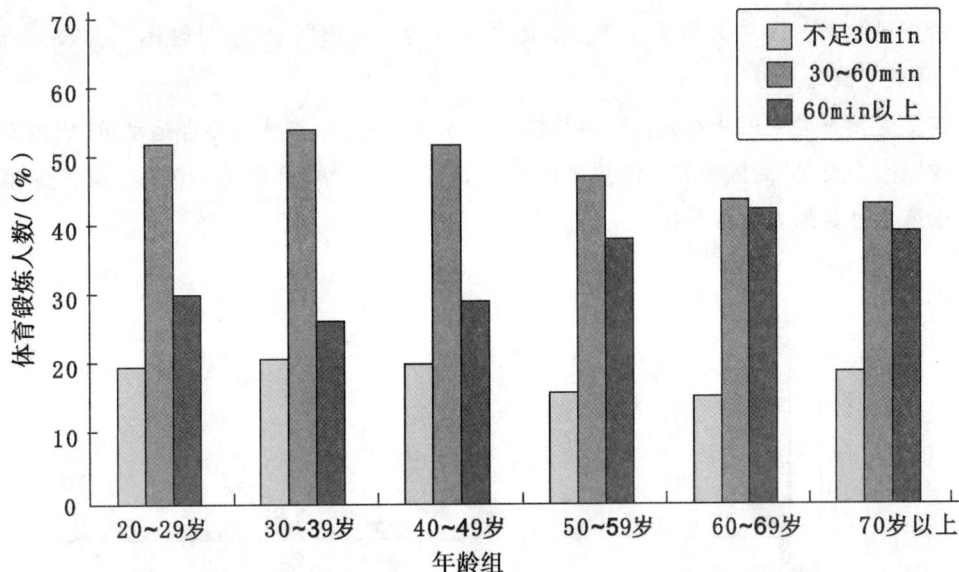

图 2-1　20 岁及以上人群各年龄组不同持续时间体育锻炼的人数百分比

7.体育信息获取①

我国城乡居民获取体育信息的主要途径为"电视(DVD,录像)、广播",人数百分比达57.4％,其次分别为"书刊、报纸"(13.7％),"互联网"(7.2％)。20～29岁人群从互联网获取信息的百分比最高,为17.8％。随着年龄的增大,通过互联网获取体育信息的人数百分比逐渐降低,50岁以后基本上不从"互联网"上获取信息。城镇居民和乡村居民在通过"书刊、报纸"与"互联网"两种途径获取体育信息方面差距明显,城镇居民分别比乡村居民高出9.5和7.5个百分点。20岁及以上人群各年龄组获取体育信息途径的人数百分比见表2-3。

表 2-3　20 岁及以上人群各年龄组获取体育信息途径的人数百分比(％)

	20～29 岁	30～39 岁	40～49 岁	50～59 岁	60～69 岁	70 及以上	总计
书刊、报纸	12.7	14.0	14.9	13.6	13.3	12.7	13.7
电视(DVD,录像)、广播	54.2	58.3	61.2	60.5	56.0	47.4	57.4
互联网	17.8	10.9	5.1	1.8	0.9	0.2	7.2
学校教育	2.2	0.5	0.3	0.3	0.2	0.1	0.7
现场观摩	0.4	0.5	0.7	0.7	0.5	0.5	0.6
社交	1.3	1.6	1.5	1.7	1.6	1.3	1.5
其他	0.7	0.9	1.2	1.1	1.3	1.5	1.1
从不关注体育信息	10.7	13.3	15.1	20.2	26.2	36.3	17.9

① 国家体育总局.2014 年全民健身活动状况调查公报［EB/OL］.［2015-11-16］.http://www.sport.gov.cn/n16/n1077/n1422/7300210.

8. 体育锻炼目的和原因[①]

调查显示,6~19岁儿童青少年参加体育锻炼的主要原因是"强身健体""喜欢、好玩"和"为了升学考试"。

在接受调查的6~19岁儿童青少年中,有16.9%的人愿意成为专业运动员,成为专业运动员的原因主要是"为国争光"和"展现体育才能"。图2-2所示是6~19岁儿童青少年参加体育锻炼各种目的人数百分比。

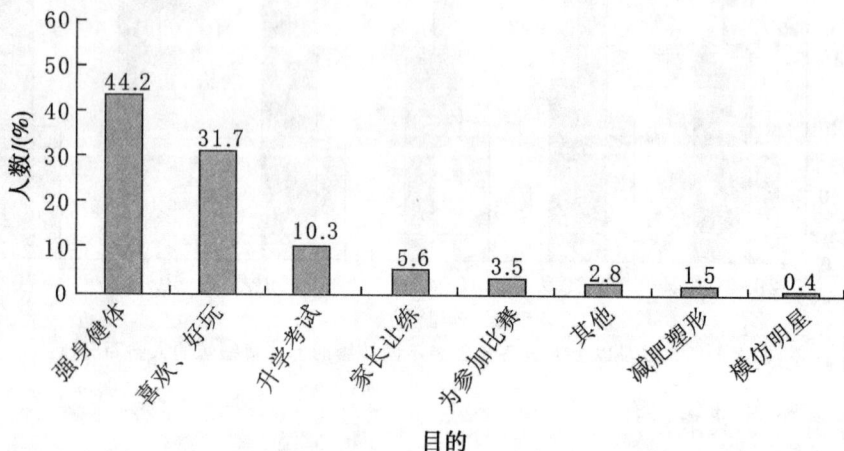

图2-2 6~19岁儿童青少年参加体育锻炼各种目的人数百分比

以"消遣娱乐"作为体育锻炼目的的人群中,20~29岁人群的人数百分比最高,为21.2%。随着年龄增大,以"防病治病"为体育锻炼目的的人数百分比逐渐提高,70岁及以上年龄组达到25.1%。在以"提高身体素质"为锻炼目的的人群中,在20~49岁随年龄增大,人数百分比增长趋势明显,50岁后相对稳定,百分比在40%~43%之间。但城乡居民以体育锻炼作为"社交方式"的相对较少,各年龄组的百分比在0.6%~1.5%之间。

20岁及以上人群中,大部分人都认为体育锻炼重要,百分比为93.8%。其中,36.1%认为"非常重要",而认为"非常不重要"的只有0.5%。城镇与农村居民在体育锻炼重要性的认识上有差异,45%的城镇居民认为体育锻炼"非常重要",农村居民认为体育锻炼"非常重要"的百分比为28.1%。

9. 不参加体育锻炼的原因

6~19岁儿童青少年不愿参加体育锻炼的原因主要是怕"影响学习",其他依次为"没兴趣""不喜欢""缺乏体育技能""太累"等。而因为缺乏"体育锻炼场地、器材"不愿参加体育锻炼的人数百分比仅为4.5%。在20岁及以上人群中,因为"没时间"而不参加体育锻炼的人数百分比最高,为30.6%,其他依次是"没兴趣""惰性""没人组织""身体弱,不宜参加"等。

---

① 国家体育总局. 2014年全民健身活动状况调查公报 [EB/OL]. [2015-11-16]. http://www.sport.gov.cn/n16/n1077/n1422/7300210.html.

在参加体育锻炼的人群中,影响其参加体育锻炼的主要原因也是"缺乏时间",占35.5%;其次是"缺乏场地设施"(13.0%)和"惰性"(12.3%)。在经常参加体育锻炼的人群中,排名前三位的制约因素依然是"缺乏时间""缺乏场地设施"和"惰性",与2007年一致。由此可见,"没时间"是我国20岁及以上城乡居民不参加体育锻炼的主要原因,但此次调查结果与2007年相比程度有所降低。参加体育锻炼人群中因"缺乏时间"影响锻炼的人数百分比由41.2%降低至35.5%。而对于不参加体育锻炼的人群来说,"没兴趣"与"惰性"也是不参加体育锻炼的重要原因。

10.体育锻炼场所[①]

调查显示,有24.1%的6~19岁儿童青少年每天利用"校园或单位"的体育场地设施进行锻炼,每周至少使用1次的人数百分比达61.1%。

每天使用"住宅小区(村庄)"的体育场地设施的人数百分比为7.4%,每周至少使用1次的百分比为46.7%。进一步分析显示,在"住宅小区(村庄)"的体育场地设施中,使用频率最高的是"室外体育健身广场",其次为"健身路径"和"篮球、足球场"。

在20岁及以上参加体育锻炼的人群中,有18.4%的人在公共体育场馆进行体育锻炼,人数百分比最高,比2007年提高了3.6个百分点。其次是以"健身路径"为锻炼场所的,人数百分比为15.5%。其他依次为"广场、场院的空地""自家庭院""单位或社区的体育场所"等(本次调查的公共体育场馆包含全民健身活动中心,大型体育场馆(城镇体育中心),学校体育场(馆),公园内的体育场(馆)、健身步道等)。图2-3所示是6~19岁儿童青少年在"住宅小区(村庄)"经常使用各种健身场所的人数百分比。图2-4所示是20岁及以上人群在各种场所进行体育锻炼的人数百分比。

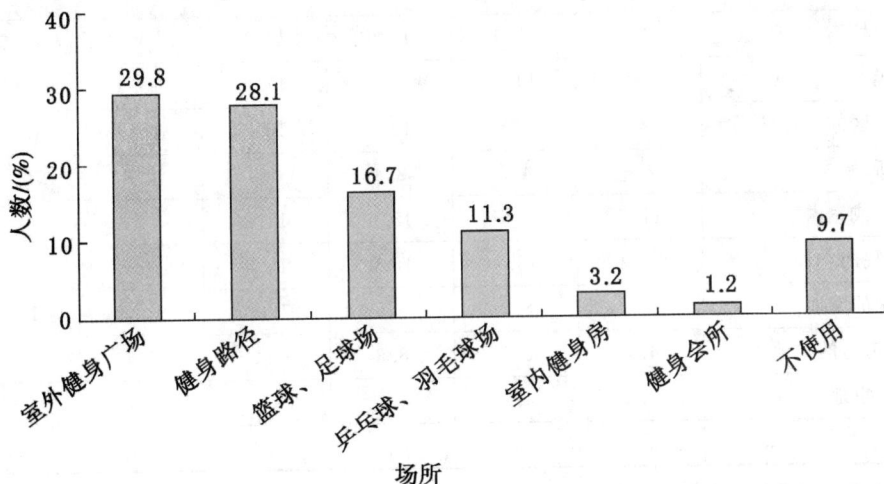

图2-3 6~19岁儿童青少年在"住宅小区(村庄)"经常使用各种健身场所的人数百分比

---

① 国家体育总局.2014年全民健身活动状况调查公报[EB/OL].[2015-11-16].http://www.sport.gov.cn/n16/n1077/n1422/7300210.html.

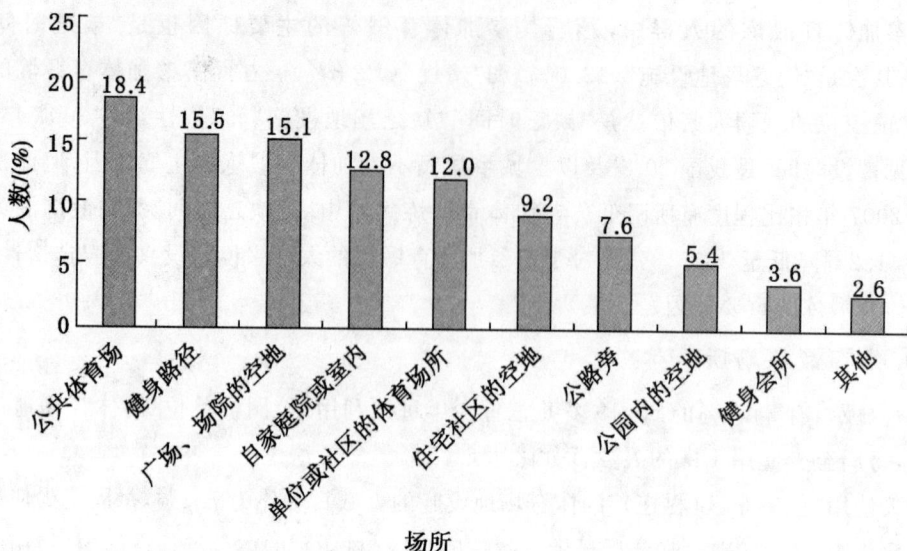

图 2-4　20 岁及以上人群在各种场所进行体育锻炼的人数百分比

20～39 岁人群在公共体育场馆进行体育锻炼的人数较多,20～29 岁人群的百分比为 31.0%,30～39 岁的人群达到了 20.1%。40 岁及以上人群在"广场、场院的空地"居多,50～59 岁人群中的人数百分比为 19.4%。在"自家庭院和室内"进行锻炼的各年龄人数百分比比较均衡,稳定在 11.2%～14.0% 之间。50 岁及以上人群到"健身会所"进行锻炼的人数百分比最低,不足 1%(见表 2-4)。

表 2-4　20 岁及以上人群各年龄组在不同健身场所的人数百分比(%)

锻炼场所	20～29 岁	30～39 岁	40～49 岁	50～59 岁	60～69 岁	70 岁及以上
公共体育场馆	31.0	20.1	14.0	13.1	10.2	8.9
健身路径	11.1	14.6	16.5	17.0	18.3	19.2
单位或社区的体育场所	12.4	13.5	12.0	10.8	10.6	9.4
健身会所	7.8	4.9	2.4	0.9	0.8	0.4
自家庭院或室内	11.7	13.7	13.6	11.2	13.3	14.0
广场、场院的空地	11.1	13.9	16.0	19.4	16.8	14.9
住宅社区的空地	6.5	8.0	9.6	10.7	11.6	13.2
公路、街道边的空地	4.7	6.7	8.3	9.0	9.4	12.0
公园内的空地	3.2	4.2	5.7	6.3	8.7	8.3
其他	2.6	2.7	2.8	2.4	2.0	1.8

选择就近进行体育锻炼的人数百分比最多,各年龄参加体育锻炼的人群中有近 60% 的人选择距离在 1000m 以内的场所进行锻炼;1 000～2 000m 的近 24%;2 000m 以上的约为 10%,就近选择体育锻炼场所的趋势依然明显,与 2007 年的调查结果一致(见图 2-5)。

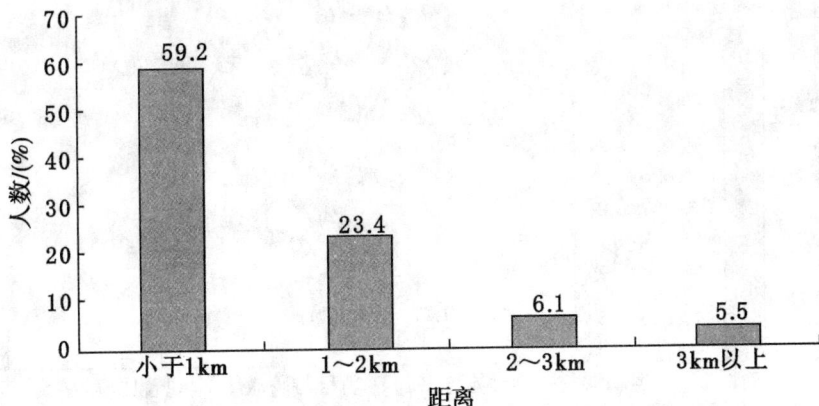

图 2-5　20 岁及以上人群选择不同距离锻炼场所的人数百分比

在 20 岁及以上人群中，有 41.6％对当前体育场地设施基本满意，但还有 22.5％的人认为离期望值"相差较远"。

对体育场馆建设需求的调查发现，希望建设社区（乡镇）健身活动中心的人数百分比最高，为 65.2％，其他依次为建设综合健身场所（33％）、体育健身广场（29.6％）、健身路径（21.7％）、体育主题公园（16.4％）、大型体育场馆（中心）（13.6％）、室内游泳场馆（6.6％）、室外游泳场所（4.4％）、笼式运动场（1.7％）。

绝大多数人希望将健身场所建在社区附近，百分比为 87.5％，其他依次为建在公园绿地附近（26.4％）、建在学校附近（18.4％）、建在自然山体附近（10.9％）、建在大型公共建筑附近（7.0％）、建在城市中心（5.6％）、建在商业区（4.0％）、建在文化餐饮娱乐聚集区（4.0％）、建在滨水场所（1.6％）。

11. 经济状况①

国家体育总局发布的《2014 年全民健身活动状况调查公报》中指出，在 20 岁及以上人群中，有 39.9％的人有过体育消费，全年人均消费 926 元，较 2013 年的 645 元提高 43.57％。全年体育消费总额在 499 元以下的人数占比为 47.6％，在 500～999 元之间的为 24.4％，在 1 000～1 499 元之间的为 11.2％，在 1 500～1 999 元之间的为 4.6％，在 3 000 元以上的为 6.5％。2013 年美国的人均体育消费为 620 美元，是中国同期数据的 6 倍多。从年龄来看，20～29 岁年龄组的人均消费水平最高，为 1 162 元。随年龄增大消费水平下降，70 岁及以上年龄组，人均消费仅为 422 元。

在体育消费人群中，购买运动服装的人数百分比最高，为 93.9％，其他依次为购买体育器材、订阅体育书刊、支付锻炼的场租和聘请教练以及观看体育比赛费用等（见图 2-6）。

---

① 国家体育总局. 2014 年全民健身活动状况调查公报[EB/OL]. [2015-11-16]. http://www.sport.gov.cn/n16/n1077/n1422/7300210.html.

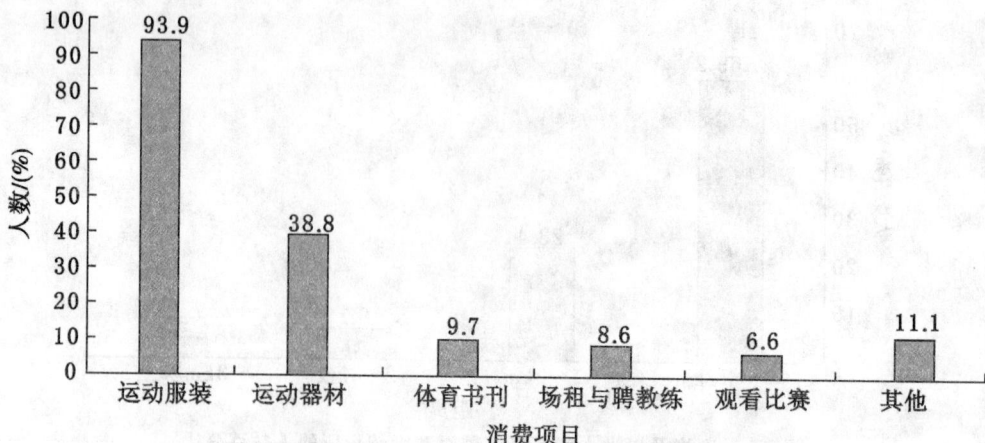

图 2-6　20 岁及以上人群不同体育消费项目的人数百分比

从人均消费金额来看，"场租和聘请教练"的消费额度最高，人均 876 元，其他依次是购买运动服装鞋帽 623 元，购买体育器材 496 元，观看体育比赛 366 元，其他体育相关消费 334 元以及订阅体育报刊和购买体育图书 142 元等。此结果与 2007 年的消费结构顺序一致，但消费水平明显提高。

12. 观看体育赛事①

6～19 岁儿童青少年观看篮球比赛的人数百分比最高，为 36.2%，其他依次为乒乓球、足球、羽毛球、体操和游泳等，6～19 岁的儿童青少年主要通过电视转播观看体育赛事，人数百分比为 95.1% 的，排在第 2 位的是通过互联网观看，人数百分比仅为 42.2%。我国 20 岁及以上的城乡居民最喜欢看的体育比赛项目是篮球和足球，人数百分比分别为 31.1% 和 21.5%。城镇居民比乡村居民更喜欢看足球比赛，人数百分比为 27.7%，比乡村居民高出 11.8 个百分点。有 5.2% 的人花钱观看体育赛事，呈现出随着年龄增长人数百分比降低的特点。

调查发现，95.2% 的人通过电视转播观看体育赛事。通过电脑互联网观看体育赛事的人数百分比为 36.9%，排第 2 位。20～29 岁人群利用网络转播观看比赛的人数百分比最高，达到 62.0%。城镇居民在使用电脑网络和手机、ipad 观看比赛的人数百分比与农村居民的差异较大，分别高出 14.6 个百分点和 6.1 个百分点。

此次调查结果表明，我国城乡居民体育锻炼的意识增强，参加体育锻炼的积极性增高，与 2007 年相比，经常参加体育锻炼的人数百分比明显增加，人均体育消费水平大幅度提高，就近就便锻炼和"花钱买健康"已经得到越来越多人的认可。调查结果还显示，越来越多的城乡居民到公共体育场所进行体育锻炼，显现了近年来我国公共体育场地设施建设的成效，为全民参加体育锻炼提供了保障。

---

① 国家体育总局.2014 年全民健身活动状况调查公报[EB/OL].[2015-11-16]. http://www.sport.gov.cn/n16/n1077/n1422/7300210.

但数据也显示出,在全民健身活动中还存在以下问题。"时间少和场地不足"依然是城乡居民不参加体育锻炼的主要原因;参加体育锻炼人群的年龄结构发展不平衡,50岁及以上的年龄人群经常参加体育锻炼的人多,其他年龄人数相对较少;城乡居民参加体育锻炼的积极性有所增加,但科学健身意识薄弱;体育消费水平提高,但"实物型消费"依然是主要方式。

(三)体育人口参加体育活动的情况[1]

1.运动场所

地域化和组织化是体育人口的特点之一。体育人口经常利用就近就便的设施展开活动,如上班所在地的体育设施、住宅小区空地、住宅附近公园广场(见表2-5)。体育辅导站、活动站开展活动也会放在这些地方,同时也是居民活动(体育)小组练习点的港湾,共同的向心力吸引四周的人们参加,可以形成体育人口稳定的队伍。从此可以看出,发展公共体育设施、居民社区内体育设施是增加体育人口的基本条件之一。

中国不同年龄体育人口在活动场所的选择上存在差别[2]。我国体育人口对收费场(馆)、单位设施的选择随年龄增长呈下降趋势,对公园广场、住宅空地、公路道旁、野外的选择随年龄增长呈明显上升趋势,对自家庭院、其他地点的选择随年龄增长呈平稳发展趋势,对公共场所的选择随年龄增长呈先降后升趋势。

表 2-5　体育人口运动场所选择排序表

场所性质	中选频率/(%)	序位
单位体育设施	41.01	1
自家庭院	34.74	2
住宅小区空地	27.92	3
公路街道边	23.38	4
公共活动场所	22.64	5
收费体育场馆	17.80	6
公园广场	15.28	7
树林河边	8.59	8
场院	6.34	9
其他	4.19	10

2.运动项目

体育人口在运动项目的选择方面(见表2-6),以各种功、操、拳、舞为主,在休闲娱乐放松中进行体育活动,符合上班人群、退休人群等参与人群的实际情况。

---

[1]　卢火.试论学校体育的发展与群众体育的结合[J].山东体育科技,2001(4):57-59.
[2]　仇军.中国体育人口活动场所的选择及其变动趋势[J].中国体育科技,2003,39(6):14-15.

表 2-6　体育人口对运动项目选择①

活动项目	中选频率/(%)	序位
散步、跑步	74.56	1
球类游戏	41.95	2
体操	24.22	3
交谊舞、体育舞蹈	19.59	4
游泳	16.74	5
武术	16.45	6
乒乓球	14.42	7
台球、保龄球	14.34	8
气功、太极拳	14.17	9
羽毛球	13.33	10
健身器活动	12.94	11
跳绳	12.93	12
网球	8.67	13
民间舞	4.52	14
其他	3.91	15
地掷球、门球	2.78	16

3.活动组织形式

体育人口在参加体育活动时表现出较高的自主性与自由性,大部分人都参加社区、单位、辅导站、俱乐部的活动,活动就近就便开展(见表 2-7)。表 2-7 中数据提示我们要加强对体育社团的组建与管理,加速群众体育社会化的进程,以便将单位、社区的体育活动有效管理起来,为全民健身服务。

表 2-7　体育人口参加体育活动组织形式选择排序表

活动组织形式	比例/(%)	序位
社区活动	70.80	1
单位锻炼	53.80	2
个人锻炼	49.32	3
与家人一起	44.65	4
在辅导站、俱乐部锻炼	44.04	5
与朋友、同事一起	38.12	6

---

①　卢火.试论学校体育的发展与群众体育的结合[J].山东体育科技,2001(4):57-59.

(四)体育人口参加体育活动原因的分析

体育人口参加体育活动的原因排序与偶尔参加者非常相近,这是因为许多体育人口来源于后者,很多人都是从无到有,从不固定到每周体育锻炼次数稳定逐渐演变的,从心理学分析体育人口健身内在驱动力更强,锻炼动机更加有指向性。部分偶尔参加者则表现出较强的心理和社交动机。相当一部分体育人口"在学生时代就喜欢体育活动,并养成习惯"排序靠前,喜欢运动想运动,习惯成自然,这是形成体育人口的一个重要的前提条件(见表2-8)。说明在学校学习期间形成终身体育观念,对发展国家的体育人口至关重要,对人一生的影响深刻。很多人"因为体弱多病"从而成为体育人口,这虽然是一个被动的原因,无病不运动,生病方想到健康的重要,但这部分人一旦成为体育人口后就具有较高的稳定性。体育锻炼是该部分人群走向健康的重要方法和手段。从居民慢性疾病发生情况(见表2-9)来看,体育人口中患病者的比例最高,这与我国体育人口的老龄化趋势有关。我国已经进入老龄化社会,老年人空余时间较多,医疗条件改善,幸福生活维持更长时间,这也正是这部分人迫切参加体育活动的重要原因。

表2-8　体育人口与偶尔参加者参加体育活动原因对比表[1]

原　　因	体育人口/(%)	排序	偶尔参加者/(%)	排序
为了增强体力和健康	83.72	1	61.56	1
为了散心解闷、消遣娱乐	47.97	2	55.91	2
为了和朋友、同伴交流	33.65	3	39.42	3
在学生时代就喜欢体育活动,并养成习惯	32.52	4	17.75	6
为了提高自己的运动能力	30.52	5	18.23	5
为了精神情绪的修养和改善	23.99	6	34.60	4
感到运动不足	8.62	7	12.49	7
陪伴子女活动,使他们能有健康的身体	5.73	8	10.11	8
为了美容、减肥、健美体型	5.58	9	10.37	9
因为体弱多病	4.52	10	2.76	11
与家人接触	1.53	11	6.63	10

表2-9　城乡居民是否患慢性病情况比较表

	是/(%)	否/(%)
体育人口	23.12	76.88
偶尔参加者	12.93	87.07
非体育参加者	22.73	77.27

体育的参与对体育人口的身心健康有积极的促进作用。从他们对自己身体、精神的疲

---

[1]　卢火.试论学校体育的发展与群众体育的结合[J].山东体育科技,2001(4):57-59.

劳程度的评价,以及对体力衰退情况的评价等都可以看出优于偶尔参加者和不参加者(见表2-10)。这是因为在运动中人精神压力得到宣泄,神经系统兴奋,且在运动中内啡肽等物质的产生有助于人们精神的愉悦。

表 2-10　城乡居民身体疲劳自我感觉情况比较表　　　　　　(%)

	合计	很有感觉	有感觉	没大感觉	没感觉	不清楚
体育人口	100.00	6.63	17.39	19.69	54.14	2.15
偶尔参加者	100.00	5.38	18.66	26.52	48.85	0.59
非体育参加者	100.00	12.51	29.39	16.32	41.49	0.29

(五)我国体育人口状况的评价

新中国成立以来,尤其是改革开放后社会体育事业有了史无前例的发展。目前我国成人体育人口的发展规模,是执行党和国家关于发展群众体育方针政策的必然结果。从一穷二白,白手起家,到今天排到世界前列的体育人口大国,这充分证明了社会主义国家的制度优越性。中国人口数量很大,人口流动性很大,人们的社会注意力主要在经济活动上,中国成年人体育人口的数量只可能缓慢增长。苗治文,秦椿林以 2001 年全国群众体育调查数据库为资源,在当代社会背景下对我国体育人口结构进行分析[1],研究发现,体育人口的每一结构由于受诸多社会因素影响,呈现出明显的时代特征:性别结构男性高于女性,地域结构城市高于农村、东部高于西部,年龄结构呈现"倒 U 型"等。改善体育人口结构,需根据实际情况具体分析,应以当代中国社会发展尤其是社会经济发展背景为必要条件,在制定体育人口的发展战略时必须着重加强职业人群(特别是知识分子)、中青年人群(特别是女职工)的体育工作,才能使中国的体育人口的结构更趋于完善与合理。

(六)我国体育人口研究综述

郭宏在《20 世纪 80 年代以来我国体育人口研究述评》中从下面几方面分析我国体育人口研究情况[2]。

1. 主要成就

研究领域和内容不断扩展。体育人口概念研究从 20 世纪 80 年代以来始终受到学术界关注,对体育人口基本概念及相关概念的研究使得体育人口概念研究走向深化。体育人口划分标准研究自 20 世纪 90 年代以来成为学术界激烈争论的焦点,体育人口规模和结构分布研究成为我国学术界研究的重点问题。2000 年以后,学术界关于我国体育人口规模和结构分布问题虽已取得初步共识,相关方面学者们又给予了补充或提出了不同观点,对一些重要问题的研究明显进一步深化。如关于体育人口划分标准的争论、关于我国体育人口结构分布的研究、关于我国体育人口发展影响因素的研究、关于我国体育人口发展对策的研究

---

[1]　苗治文,秦椿林. 当代中国体育人口结构的社会学分析[J].体育学刊,2006,13(1):119-121.
[2]　郭宏.20 世纪 80 年代以来我国体育人口研究述评[J].中国体育科技,2007(3):36-40.

等,都明显地走向系统和深入。

2.存在的问题

我国学术界关于体育人口的研究也存在一些不足之处。体育人口研究的视角偏重于体育学科单一视角,从人口学、社会学与经济学等视角的研究还很薄弱;从事体育人口研究的学者主要集中在体育学科,社会学、人口学等学科的学者还没有对体育人口研究表现出应有的关注和参与;研究方法偏重于文献研究方法,在实证研究与经验研究方面虽已展开,但还不全面系统;在研究范围方面偏重于对我国城市体育人口的研究,对农村体育人口的研究相对薄弱,同时,对国外体育人口的研究也关注不够。

第二节　社会体育体制

一、社会体育体制

(一)社会体育体制的概念

社会体育体制是社会体育管理的机构和组织设置、隶属关系和管理权限划分等方面的体系和制度的总称。我国的社会体育体制可以分为 3 类,即政府机构、社会机构和中间机构,其联系与区别见表 2-11。

表 2-11　我国的社会体育体制

类别	目标	动力	制约因素	信息传递	举例
政府机构	政治、社会福利	社会共同利益	政策统一决策	上下级信息纵向沟通	省市体育局
社会机构	组织、个人利益	组织机构、个人利益	经济、法律约束	各利益主体信息横向沟通	健身俱乐部
中间机构	二者兼有	二者兼有	二者兼有	信息纵横交错	体育社团

(二)社会体育组织领导机构的功能

1.人员管理

(1)引导社会体育参与者政治方向。当不法分子打着强身健体、治病救人的幌子,让不良思想趁机而入,例如:重 80kg 的人脚踩四个鸡蛋而不破,为何? 如果不能科学分析原因,就很可能让人们走入误区。

(2)考核和发展社会体育指导员。社会体育指导员主要作用是进行技能传授、社会体育组织与管理、科学健身知识的传播。考核和发展社会体育指导员有助于规范社会体育指导员队伍,提升健身指导的质量,从而提高体育人口数量,发展体育社团质量,丰富人们业余生活,最终增强国民体质。社会体育指导员技术等级分为三级社会体育指导员、二级社会体育指导员和一级社会体育指导员、国家级社会体育指导员。

（3）选拔、确定社会体育管理者。社会体育管理者通常需要德才兼备、修心正己。《礼记·大学》中有这样的记载，"古之欲明德于天下者，先治其国；欲治其国者，先齐其家；欲齐其家者，先修其身；欲修其身者，先正其心；欲正其心者，先诚其意；欲诚其意者，先致其知；致知在格物。物格而后知至，知至而后意诚，意诚而后心正，心正而后修身，修身而后家齐，家齐而后国治，国治而天下平。"北宋政治家司马光进一步论述了德才间的关系，他在《资治通鉴·周威烈王二十三年》中认为：夫聪察强毅之谓才，正直中和之谓德。才者，德之资也；德者，才之帅也。2003年年度经济人物、蒙牛乳业有限公司创始人牛根生先生对人才的德与才的关系给出了相似的观点，他对人才的选拔、确定有这样的要求：有德有才破格重用，有德无才培养使用，无德有才限制使用，无德无才坚决不用。

明代对官员的考察结果，不称职的官员分为贪、酷、浮躁、才力不及、老、疾、疲软无为、素行不谨八类，称之"八法"。处分分为四等：致仕、降调、冠带闲住、为民。这可以为当代的组织管理提供借鉴。

我国社区体育的管理者多为社区行政干部，以兼职为主，专职为辅，多数社区体育的管理者缺乏开展体育活动的理论知识、经验和战略性研究。社区体育管理者是体育文化活动的组织者和管理者，这批人员的业务能力直接影响社区体育活动的开展质量。

优秀的社会体育管理者，还需要法律、专业等知识，具有较高的语言组织能力和个人魅力。

2. 财务管理

财务管理实质就是理财，一方面需理顺单位资金流转程序，另一方面需理顺各种经济关系。财务管理的内容主要包括资金筹集、资金投放、收益分配、营运资金管理。社会体育资金募集的途径主要包括国家拨款、社会赞助和社会集资。

3. 场馆设施管理

场馆设施管理包括对场馆的建设、维护、经营。全国体育场馆69.4%在社区，10.4%在郊区，20.2%在农村。2003年全国公园逐步免费开放。

目前，体育场（馆）管理存在的问题包括：①土地供应结构失衡，集约利用程度不高，重大轻小；服务功能单一，重复建设问题严重；资金来源渠道单一，严重依赖财政拨款；财政后续投入严重不足；体制机制不活，运营管理水平较低；资源闲置较为严重和税费政策不合理，扶持政策缺乏等。

针对这些问题可以采取的主要对策包括：确保建设用地，鼓励共建体育场（馆），适度控制大型体育场（馆）建设，加快中小型体育场（馆）建设，改建现有体育场（馆），完善服务功能，

---

① 陈元欣，王健.我国公共体育场（馆）发展中存在的问题、未来趋势、域外经验与发展对策研究［J］.体育科学，2013，33（10）：3-13.

加大财政保障力度,拓展资金来源渠道,分类推进体育场(馆)管理体制改革,加强现有员工职业培训,实施专业化运营,提高运营管理水平和争取政策支持,落实已有扶持政策等,促进体育场(馆)发展。国外许多新建体育场(馆)融合体育、商业(宾馆、音乐厅等)、住宅、办公和休闲等多种功能。[①] 如伦敦奥运会足球赛场考文垂的里光竞技场是一个复合型设施,包含了 26 000 m^2 的办公区、多家零售店和餐厅以及 1 个宽敞的商业中心和 9 000 m^2 的赌场。国外十分注重体育场(馆)的综合利用,不局限于举办体育赛事,还成为各种演唱会、展览、会议、庆典等活动的场地。

4. 信息管理

信息管理的广义概念包括三方面[②]:①面向管理业务的信息收集、传输、加工、保存、维护和使用。②面向信息系统内部的人、设备、计划和运行管理。③面向未来的规划管理。信息管理对整个系统管理机制的正常发挥起着沟通和调节的作用,它是现代管理的基础。随着经济规模的扩大,信息量的增加,现代信息应用日趋普遍。例如:阳光体育活动的组织含众多信息,一期活动是 2007 年开展的阳光体育与奥运同行。二期活动是 2008 年底 2009 年初开展的阳光体育与祖国同行,冬季长跑活动,小学生 120km,中学生 180km,大学生 240km。2009 年是新中国成立 60 周年,学生长跑距离恰是"60"的倍数。

5. 社会问题管理

(1)社会体育中的主要社会问题。存在"一差二不三少",虽然这些问题随着经济发展逐渐得到缓解,但这些情况依然会在未来一段时间存在。

1)居民体育设施差,甚至被侵占。体育场改为鞋帽城、商场。2007 年德国社会体育场地每万人 235 个(片),我国同期是 6.58 个(片),相差约 30 倍。

2)受重视程度不够。社会体育与其他上层建筑类似,受经济基础影响较大,尤其是中西部欠发达地区,社会体育的发展受到的重视程度不足。

3)地区发展不平衡。1996 年调查数据显示上海人均体育消费 15.75 元,贵州 0.86 元。2014 年调查数据显示 20 岁以上人群中有 39.9% 的人有过体育消费,全年人均消费 926 元,比 2007 年消费水平增长了 52%。从消费结构看,购买运动服装的人数比例最高,为 93%,其他依次为购买体育器材、订阅体育书刊、支付场租以及观看比赛等。

4)体育人口少,体质状况差。世界卫生组织的最新研究报告显示,目前中国近视患者人数多达 6 亿,高中生和大学生的近视率均已超过七成,小学生的近视率也接近 40%,我国青少年近视率高居世界第一,而这个数据还在逐年攀升。

5)社会体育指导员数量少。据我国学者李树怡等人调查,1999 年我国每 20 398 人中拥有 1 名社会体育指导员,每 7 007 个参加体育锻炼的人中拥有 1 名社会体育指导员。郭立平

① 陈元欣,王健.我国公共体育场(馆)发展中存在的问题、未来趋势、域外经验与发展对策研究[J].体育科学,2013,33(10):3-13.

② 张燕,马宗武.港口经济辞典[M].北京:人民交通出版社,1993.

调查发现 2003 年底吉林省平均 3 271 人拥有 1 名社会体育指导员。2007 年日本平均 553 人拥有 1 名社会体育指导员。这说明我国社会体育指导员数量少。但是近年来我国社会体育指导员数量增长较快,据张阳的调查,截止 2017 年 5 月底,我国社会体育指导员的数量已达到 182 万人。

6)社会体育经费投入少。我国社会体育经费来源的渠道十分单一,1994 年,在社会体育的经费来源中,行政拨款为 72 491.8 万元,组织社会体育活动收入 515 万元,两者合计为 7.3 亿元,行政拨款占总数的 99.3%,占国民生产总值的 0.045%。我国在七五至九五期间,国家每年对竞技体育的投入超过 20 亿元,同期社会体育的经费却很少。资料显示①,国家年拨体育经费约为 30 个亿,分摊到每个人的头上不到 3 元人民币,与发达国家相比,我们的体育经费严重不足。

(2)具体解决办法。

1)宣传体育生活方式。我国学者苗大培认为体育生活方式是在一定社会客观条件的制约下,社会中个人、群体或全体成员为一定价值观所指导的、满足多层次需要的、全部体育活动的稳定形式和行为特征。把体育活动主体、体育活动条件、体育活动形式作为体育生活方式范畴的构成因素。体育生活方式可以定义为:在一定的价值观念指导下,个人或群体依据一定的客观条件,把体育作为生活的需要和内容,并有规律、自觉地参与体育活动的稳定形式及行为特征。

2)加强舆论监督。

3)推进体育法治建设。

4)大力发展体育产业和体育事业。

5)配合社会改革,完善体育体制。

6.时间管理

体现在重大比赛的年度安排,场地的开放与关闭,大型活动时间安排等方面。

7.制定政策

根据政策制定主体的级别,分为法律、政策、意见、通知、协议等等。

8.监督功能

政策意见等实施、落实还需要管理部门和人民群众的的监督、反馈,及时改进不足,补充完善。

二、领导机构类型

(一)体育行政机构

我国体育的行政机构主线是:体育总局—群体司—省市体育局—区县文体局(文教

---

① 徐振兵,张少云.体育产业化过程中的政府行为研究[J].上海体育学院学报,2001(S1):22-23,29.

局)—街道办乡镇文体点,辅以副线:工会、残联、共青团、妇联、群众组织中的社会体育机构。

我国体育总局下设机构如下[①]:

1.办公厅

负责档案管理、机要保密、信访、信息综合、会议、各类大型活动的组织协调等工作。

2.政策法规司

负责研究拟定体育工作方针、政策、法规,对体育工作和体制改革中的重大问题进行调查研究并提出方案;组织指导体育理论研究和体育发展研究。

3.群众体育司

负责研究拟定群众体育工作的发展规划;推行全民健身计划,监督国家体育锻炼标准实施,开展国民体质检测;指导和推动学校体育、农村体育、城市体育及其他社会体育的发展。

4.竞技体育司

负责研究拟定竞技体育发展规划;研究和平衡全国性体育竞赛、竞技运动项目设置与重点布局;制定全国性体育竞赛制度;统筹协调重大国际、国内综合性运动会的竞赛组织工作;主办全国运动会和城市运动会。

5.青少年体育司

负责指导和推进青少年体育工作,拟订青少年体育工作的有关政策、规章、制度和发展规划草案;指导和监督学生体育健康标准的实施和学生体质监测;指导和推动青少年体育服务体系建设;组织开展青少年体育工作检查监督和评估表彰;指导竞技体育高水平后备人才培养工作;拟定青少年业余训练管理制度,完善青少年业余训练体系,指导全国各级各类体育运动学校、体育传统项目学校、青少年体育俱乐部、各运动项目后备人才基地建设和有关学生文化教育工作;参与指导全国青少年体育竞赛工作,参与审核全国青少年比赛计划和竞赛规程,参与指导青少年运动员注册和运动技术等级管理;组织协调重大综合性青少年体育比赛和体育交流活动;指导开展青少年体育工作研究和相关培训。承办总局交办的其他事项。

6.体育经济司

负责编制体育事业的中长期发展规划;管理总局机关的财务工作和监督指导直属单位的财务工作;研究拟定体育健身娱乐、竞赛表演、训练服务、技术信息等体育经济、经营活动及体育市场管理的政策、法规草案。

7.人事司

负责总局机关和直属事业单位的人事工作,承办全国性群众体育组织的资格审查和领

---

① 国务院办公厅.国务院办公厅关于印发国家体育总局职能配置内设机构和人员编制规定的通知(国办发〔1998〕52号)[EB/OL].[1998 - 6 - 16].http://www.gov.cn/zhengce/content/2010—11/18/content_7784.htm.

导人员的推荐事项,负责出国人员政审和出国留学人员的派遣。

8. 对外联络司

负责研究国际体育组织和各国及香港特别行政区、澳门和台湾地区的体育状况;制定体育外事工作及涉及香港特别行政区、澳门和台湾体育交往活动的规章制度,拟定和协调体育外事及涉及香港特别行政区、澳门和台湾体育活动计划,管理体育系统的涉外工作,承担中国奥委会的日常工作。

9. 科教司

负责组织开展体育领域的重大科学技术研究的攻关、负责体育科技成果的审查和鉴定、推广;在教育部的指导下,负责高、中等体育教育规划,管理总局直属院校;组织开展反兴奋剂工作。

10. 宣传司

负责研究提出体育工作以及重要体育对外宣传报道的指导思想,发布重大新闻;组织协调重大国内外体育活动的采访报道。

11. 直属单位[①]

运动项目管理中心:冬季运动管理中心、射击射箭运动管理中心、自行车击剑运动管理中心、水上运动管理中心、举重摔跤柔道运动管理中心、拳击跆拳道运动管理中心、田径运动管理中心、游泳运动管理中心、体操运动管理中心、手曲棒垒球运动管理中心、足球运动管理中心、篮球运动管理中心、排球运动管理中心、乒乓球羽毛球运动管理中心、网球运动管理中心、小球运动管理中心、航空无线电模型运动管理中心、棋牌运动管理中心、武术运动管理中心、健身气功管理中心、登山运动管理中心、汽车摩托车运动管理中心。还有社会体育指导中心、机关服务中心、财务管理和审计中心、训练局、国家奥林匹克体育中心、青岛航海运动学校、湛江潜水运动学校、安阳航空运动学校、秦皇岛训练基地、体育科学研究所运动医学研究所、中国体育报业总社、北京体育大学、体育文化发展中心、体育信息中心、对外体育交流中心、人力资源开发中心、体育器材装备中心、体育彩票管理中心、体育基金管理中心。

(二)国外体育行政机构——以德国为例[②]

德国体联下设9个部:竞技体育部、群众体育部、青年部、国际部、法律社会税务部、体育场馆建设部、体育公共关系部、妇女体育部和后勤部。体联经费大约每年1 700多万美元,以1993年为例,经费1 780万美元中,会员费430万,赞助费250万,宣传品8.8万,纪念章

---

① 国务院办公厅.国务院办公厅关于印发国家体育总局职能配置内设机构和人员编制规定的通知(国办发〔1998〕52号)[EB/OL].[1998-6-16].http://www.gov.cn/zhengce/content/2010-11/18/content_7784.htm.
② 李向东.中国与德国体育管理体制的比较研究[J].体育文化导刊,2005(6):53-55.

110万,彩票400万。德国体联下属机构包括16个州的体育联合会、3个特区体育联合会、55个体育理事会、12个单项协会、6个体育科教协会及青年体育会等组织。体联主要任务:制定发展竞技体育的政策措施,维护各体育组织在国内和国际事务中的利益,协调各组织的利益分配。

德国奥委会属于社会体育组织,政府不予拨款,所需经费完全依靠公共捐助、商业赞助和市场运作来筹集。德国奥委会的主要任务:负责发展奥林匹克运动、传播奥林匹克理想,挑选运动员,并为其参加比赛做安排。组织德国队参加奥运会、与国际奥委会和其他国家(地区)奥委会联系等。政府(联邦、州和地方3个层次的政府机构)只对体育的政策、措施提出建议,并对那些与国家事业有关的体育活动(如高水平竞技中心和联邦基地的建设,特定地区的大众体育和高校的运动设施建设,公共的运动场馆、设施建设等)提供资助。政府不干预社会体育组织管理其内部事务,充分保证社会体育组织的自治地位。

德国体育实行自力更生、自我管理,政府在体育管理中只扮演一个协作者的角色。德国的社会体育组织主要由德国体育联合会、德国奥委会、德国体育基金会组成,这3种组织目标明确,地位平等,各司其职。德国的这种体育管理方式是属于标准的体育管理体制水平分化的管理模式。这种水平分化有以下几个优点:一是减少工作层次,工作人员少,可以提高工作效率、节约费用;二是减少功能交叉,避免扯皮现象;三是减少等级差别,提倡公平竞争。

与我国相比,德国的体育经费来源广泛,除政府对有关体育社团给予一定的经费支持外,其经费来源主要是会员费,其次是体育彩票,另外还有社会捐助、比赛、电视转播、门票、俱乐部、财产分红等。以德国体育联合会为例,它的经费来源包括会费(25%)、彩票(23.18%)、资助收入(21%)、纪念币销售(6.3%)等,其余收入来自于政府拨款和社会捐助。德国体育社会团体通过市场手段获得的经费占其总收入的82%,各级政府拨款只占总收入的12%①。

(三)体育社团

体育社团是体育社会团体的简称,可分为初级社团、中级社团和高级社团。

1.群体社团(按人群)

例如:大体协、老体协、青少年俱乐部、残体会。组织机构有3种形式:直线式、职能式和混合式。例如:全国人民—全国人民代表大会—国务院—教育部—教育厅—某某大学—某某学院—某某系。

2.项目社团(按运动项目)

健身活动类、竞技爱好类(校武协)、桌上游戏类(桥牌、象棋、麻将)、极限运动(攀岩、轮滑、滑翔伞)等。

---

① 李向东.中国与德国体育管理体制的比较研究[J].体育文化导刊,2005(6):53-55.

第三节　全民健身计划

一、产生背景

1. 现代社会对人的健康提出了更高的要求

传统的群众体育管理是以企事业单位为基本的组织形式,群众体育活动的开展依照上级单位的指令进行,群众体育没有纳入社会的大系统之中。在计划经济时期,企事业单位担负着全体员工的生老病死以及子女教育等有关事宜,各单位的包袱日益沉重,无论是生产和事业的发展还是员工的福利等事宜举步维艰,群众体育活动的广泛开展受到极大的限制。

改革开放后,许多国有企业和事业单位不再承担原来所担负的诸多社会福利保障功能,部分单位的群众体育活动根本无法落实。在民营企业中也有相当多的人游离于体育锻炼之外。

在计划经济时期,人们从上学开始,其体育锻炼就有人负责管理,在学校学习是校长和老师,参加工作后是单位的领导,个人的主动性以及个人的权益往往被忽视了,于是人们养成了一种依赖性。事实上,每个人的健康状况良好最直接的受益者是个人和家庭,间接受益的才是单位和国家。教育学原理包含教育的目的的两个说法:个人本位论和社会本位论,其实二者是相互联系、密不可分的关系,彼此间是相互促进的。因此,群众体育活动的开展,就应该是国家、社会和个人三方面来承担物质条件和经费。20 世纪 80 年代,就有人提出"花钱买健康"的观念,不建立新的群众体育管理新观念,就无法适应市场经济条件下的国民体育发展需要。

2. 人们参与健身的意识不断提高

人们越发意识到国民健康对国家发展的重要作用,余暇时间的增多也为社会体育的快速发展提供可能。

3. 党和政府的重视

体育这一文化现象在人类社会存在已有悠久的历史,特别是到了现代社会,随着市场经济的实行,社会生产力的飞速提高,社会文明空前发展,体育作为改善国民健康水平、提高生活质量的重要手段和途径,已得到世人的认同。体育在现代社会中,已成为一个独立的文化现象和综合性的事业,其涉及的社会范畴是相当复杂的,如何协调各种关系,需要有法可依、有法必依、违法必究。体育法律、法规的出现代表着广大人民共同的需求,我国于 1995 年 6 月由国务院正式颁布了《全民健身计划纲要》,同年颁布《中华人民共和国体育法》,彰显了党和人民对我国体育事业的关心与重视。

4. 体育本身发展的需求

国外发达国家从 20 世纪 70 年代就开始兴起大众体育的热潮,为了顺应国民的健身需要,世界许多发达国家相继公布了有关大众体育的号召性文件,多数发达国家还颁布了多种多样的法律法规推动大众体育的发展,并成立相应的机构来保证群众体育的运行,建立起了政府参与、社会加入、个人参加的群众体育管理模式。

5.发扬中华民族重视健身的优良传统

中华民族五千年文化源远流长,从华佗创建的五禽戏,到陈家沟太极拳,从少林功夫,到峨眉武当、南拳北腿,无不体现中华民族重视健身养生、长技的优良传统。

二、全民健身的意义

1.符合体育改革的总目标

我国在实行市场经济体制后,福利体育的体制、公费医疗的制度都在进行深刻的变化,广大群众的价值观念也在变化。实施《全民健身计划纲要》打破了传统的群众体育活动全部靠国家的观念,充分调动社会各界的积极性,做到国家、社会、个人都发动起来,建立新的适应市场经济的群众体育管理模式。

2.促进体育的协调发展

2008年北京奥运会我国金牌数量位居前列,已经成为体育大国,但还不是体育强国。学校体育、社会体育、竞技体育协调发展是我国成为体育强国的必由之路。在我国人民基本实现温饱的基础上,广大人民群众对进一步提高生活质量的要求也日益迫切,生活质量的提高又离不开健康的身体和健康文明的休闲活动,《全民健身计划纲要》的实施正是满足了广大人民群众日益增长的健身需求和社会发展的需要。

3.发挥体育多元化功能,促进体育市场的建立和发展

体育的本质功能是健身健心教育娱乐功能,非本质功能是政治文化经济功能。

在未来世界的竞争中,一个国家能否跻身于前列,主要取决于国民的整体素质。国民素质包含着思想道德素质、科学文化素质,也包含国民的身体素质,而且身体素质是思想道德素质和科学文化素质的物质基础,体育活动的普及,《全民健身计划纲要》的落实,对这三方面的素质提高都有着积极作用。参加体育锻炼,不仅能使参加者增强体质、防病祛病、延年益寿,而且对培养公民良好的行为规范、增强公民文明观念、形成良好的生活方式、提高公民道德意识都能起到良好作用。

科学体育锻炼普及面大了,人民的综合素质就会提升,对伪科学、封建迷信活动的抵御能力就会增强,有利于我国良好体育市场氛围的形成。

4.符合国际体育发展潮流和趋势

在全球加快制定本国体育方针政策的大背景下,《全民健身计划纲要》是一项政府主导、依托社会、全民参与的系统工程。这是一项利国利民的好事,代表着我国广大人民群众的利益。落实全民健身计划,宣传和普及科学锻炼身体的知识和理论,推动我国群众体育的开

展,这体现了先进的文化精神。实施《全民健身计划纲要》,体现了体育工作为广大人民群众服务,关心人民身体健康的精神,确保了公民参与体育的权益,表现出国家对老百姓负责的公仆形象。近年来我国在奥运会奖牌榜名次前移的事实也反映了竞技体育顺应我国经济发展和国际体育发展的潮流(见表2-12)。

表2-12　近年夏季奥运会奖牌榜排名情况

时间	地点	届数	第1名	第2名	第3名
2016年	里约	31	美国(46,37,38)	英国(27,23,17)	中国(26,18,26)
2012年	伦敦	30	美国(46,29,29)	中国(38,27,23)	英国(29,17,19)
2008年	北京	29	中国(51,21,28)	美国(36,38,36)	俄罗斯(23,21,28)
2004年	雅典	28	美国(35,39,29)	中国(32,17,14)	俄罗斯(27,27,38)
2000年	悉尼	27	美国(39,25,33)	俄罗斯(32,28,28)	中国(28,16,15)
1996年	亚特兰大	26	美国(44,32,25)	俄罗斯(26,21,16)	德国(20,18,27)
1992年	巴塞罗那	25	中国在西班牙 获16枚金牌(排名第4位,与1996年相同)		
1988年	汉城	24	兵败汉城仅获5枚金牌(排名第11位)		
1984年	洛杉矶	23	中国获15金,其中李宁3金,许海峰首金(排名第4位)		

说明:国名后面的括号中依次是金牌、银牌、铜牌数目。

三、《全民健身计划纲要》的基本内容与组织实施

(一)《全民健身计划纲要》的主要内容

《全民健身计划纲要》是总结新中国建立40多年的社会发展和经济建设成就以及在全民健身活动开展的经验基础上,参考发达国家全民健身活动的开展经验,结合中国实际情况制定的。该纲要从1993年初,由原国家体委组织专家在全国进行广泛的调查研究、反复论证,广泛征求意见,历时两年多的时间,于1995年6月20日经国务院正式批准颁布的。

《全民健身计划纲要》的主要内容如下①:

1.面临的形势

这部分概括地总结了我国建国以来群众体育发展的状况,指出为了更好地适应新形势下的经济建设和社会主义发展的需要,要采取切实有效的措施,推行全民健身计划,发展群众体育。

通过对我国宪法的分析,阐述了党和政府对保障和维护公民参与体育锻炼权益的立场和态度。从为了更好地提高国民素质的目的出发,阐述实施全民健身计划的必要性。从我国实现小康生活目标来看,国民体质建设是小康生活目标不可缺少的部分。同时,从我国现

---

① 国家体育总局. 全民健身计划纲要[EB/OL]. [2008-5-8]. http://www. sport. gov. cn/n16/n1092/n16849/312943. html.

实来看,国民体质建设状况还不能适应社会主义现代化的需要,社会成员中有相当数量的人体育意识、健康意识还不够强,能坚持参加体育锻炼的人数还不多,社会各方面对国民体质建设的投入还比较少,物质条件明显匮乏,管理体制还不适应市场经济的要求。这些矛盾,都迫使我们必须马上制定一部规范性的规划,加强国民体质建设工程的落实。

2.目标和任务①

全民健身计划确定了到 2010 年应该达到的目标:基本建成具有中国特色的全民健身体系,体育人口和国民体质等主要指标接近中等发达国家水平。建立国民体质监测系统、工作保障系统和服务支持系统。形成国家、社会、个人三者有机结合的全民健身新格局。

全民健身计划的目标本着滚动推进,不断发展的精神,还规定了从 1995 年至 2000 年的具体指标,实现群众体育全面、健康发展,把国民体质建设提高到一个新的水平。

3.对象和重点①

全民健身计划以全体国民为实施对象,以青少年和儿童为重点。因为青少年和儿童是21 世纪的主人,他们的健康成长关系到祖国富强和民族昌盛。从这种意义上看,学校体育则是国民体育的基础。

机关、企事业单位要把职工体育纳入到本单位的文化建设和管理目标之中。社区体育则是今后社区建设、社区服务的重要组成部分。市、区体育行政部门要支持城市街道办事处,加强对社区体育领导和建设工作。

我国有 5 亿多农民,农民的体质与健康水平在很大程度上决定了我国国民体质与健康的整体水平。所以农村体育的开展与建设,应作为农村社会发展、实现小康目标的一项重要工作。

全民健身计划要求进一步发展军队体育,提高部队战斗力。对积极发展少数民族体育,广泛开展少数民族体育活动,重视妇女和老年人的体质与健康,开展好残疾人体育,增强残疾人身体素质和平等参与社会的能力等方面,有了较详尽的要求。

4.对策和措施

《全民健身计划纲要》提出了 9 项重大举措②:

(1)要加强对全民健身活动的宣传,树立正确的体育观念,增强全民族健身意识,解放思想,转变观念,发动和引导群众自觉参加体育健身活动。

(2)建立健全法规、制度,保障全民健身活动的开展,逐步形成完善的全民健身法规体系,实现群众体育管理的规范化和制度化。

(3)建立健全社会化的全民健身组织管理网络,有计划地建立作为事业单位的社会体育

---

① 作者不详.全民健身计划纲要(送审稿)[J].体育学刊,1995(1):6-10.
② 伊万斯.对玻利维亚制定"全民健身计划"的思考[D].北京:北京体育大学,2013.

指导中心,广泛建立不同类型的群众体协、俱乐部和基层体育组织,形成覆盖面广、包容量大、适应性强的新型组织管理体系。

(4)认真实施《社会体育指导员技术等级制度》,建设一支有一定组织能力和技术水平,面向社会、服务群众的社会体育指导员队伍。

(5)逐步建立国民体质监测系统,定期公布国民体质监测报告和指南,实施国民体质测定制度。

(6)根据不同年龄、性别、职业与体质特点,推广易于普及的健身项目,倡导、推行科学的健身方法。

(7)广泛动员社会科技力量对国民体质与健康进行多学科研究和技术开发,挖掘高校潜力、调整结构、逐步设置并办好社会体育专业,加快全民健身科技的发展和人才培养。

(8)实施政府拨款、单位投入、社会筹集和个人投资相结合,多渠道、多层次、多形式筹集资金。大力发展体育产业,积极培育体育市场,引导群众进行体质与健康消费。

(9)要把体育场地设施建设纳入城乡规划,逐步增加数量、提高质量,完善群众健身活动的体育场地设施。

5. 实施步骤

全民健身计划在国务院领导下,由国家体育总局同有关部委及群众团体共同组织实施。各级人民政府及体育行政部门应根据当地的情况,制定本地区的规划和具体实施工作方案。

全民健身计划采取整体规划,逐步实施的方式。第一期工程自 1995 年至 2000 年,分 3 个阶段实施。第二期工程自 2001 年至 2010 年完成,基本建成具有中国特色的全民健身体系。

为保证全民健身计划取得实效,达到预期的目标,出台了配套文件和实施计划,主要有"全民健身一二一启动工程"、《中国成年人体质测定标准》和《社会体育指导员技术等级制度》等。

(二)《全民健身计划纲要》实施的组织与措施

全民健身计划是一个造福社会的系统工程。我国由于历史原因及经济发展水平限制,群众体育的基础是相当薄弱的,因此推行这项工作涉及面广、难度大。为保证《全民健身计划纲要》的实施取得实效,必须有切实可行的具体措施,做到脚踏实地稳步发展。为此,我国政府采取了以下措施[①]:

1. 成立国家全民健身领导小组

由党和国家领导人担任组长,体育总局局长担任副组长,同时还聘请教育、卫生、科技、

---

① 伊万斯. 对玻利维亚制定"全民健身计划"的思考[D]. 北京:北京体育大学,2013.

宣传、劳动、人事、农业、民政、财政、民族、城乡建设、环境保护等部门以及总工会、团中央、妇联等组织的领导同志参加领导小组。全民健身领导小组下设办公室,由国家体育总局主管领导任主任,负责对全民健身计划的具体领导、组织、实施和协调。各省、区、市也按照国家的做法建立相应的领导机构。

2.推行《全民健身计划纲要》的配套工程

全民健身"一二一启动工程",该工程是借用"一二一齐步走"的体育术语,来表明全民健身计划开始启动。其主要任务是,宣传鼓动,使全民健身计划有个良好的开端,为今后的滚动发展创造良好条件,打好基础。

3.实施《社会体育指导员技术等级制度》

从 1995 年 6 月 10 日起,我国开始正式实行社会体育指导员技术等级制。按照规定,社会体育指导员技术等级称号分为三级、二级、一级和国家级。2000 年后这项制度转为《社会体育指导员职业资格证书制度》。

4.制定《中国成年人体质测定标准》,对我国国民体质进行监测

这是全民健身计划的又一个配套文件。通过对职工、成年人进行体质测定,使他们及时了解自己的身体状况,从而激励他们自觉参加体育锻炼,同时也使得我国体育行政管理部门对我国国民体质有个清晰的了解,以便在工作中采取更好的对策,避免盲目性。该项工作从 1995 年第一次进行,在全国 22 个省区市、51 个点进行测试,有 14 万人参加测试。该项测试完成后,测试组将所测的数据进行统计处理,并汇集成报告出版,供领导部门和学者研究。成人体质测定每隔 4 年进行一次,已成为一项制度。

5.加大全民健身科研力度,提高实施计划的科学性

为保障全民健身计划顺利滚动推进,由国家体育总局领导,加强了群众体育的调查和科研工作。1997 年进行了我国建国以来规模最大的一次全国群众体育现状调查,涉及 9 个省市,抽样 8 000 户。对体育人口、群众健身活动的内容、设施、经费来源、管理方式等进行了较为详细的调查,较为全面地了解了我国群众健身活动的实际情况,获得了大量基础性数据。2001 年又进行了第二次全国群众体育调查。

6.加大社会体育经费投入

为了推行全民健身活动,国家加大了经费投入。从 2000 年起,国家将发行体育彩票公益金的 60%用于群众体育活动和居民社区的"健身路径"建设,使社区体育的硬件建设有了明显的改善。

四、我国全民健身日

《全民健身条例》在 2009 年 8 月 19 日国务院第 77 次常务会议通过,自 2009 年 10 月 1

日起施行。其中第十二条规定①：每年 8 月 8 日为全民健身日；县级以上人民政府及其有关部门应当在全民健身日加强全民健身宣传；国家机关、企业事业单位和其他组织应当在全民健身日结合自身条件组织本单位人员开展全民健身活动；县级以上人民政府体育主管部门应当在全民健身日组织开展免费健身指导服务；公共体育设施应当在全民健身日向公众免费开放；国家鼓励其他各类体育设施在全民健身日向公众免费开放。

设立全民健身日符合国际惯例，为了满足广大人民群众日益增长的体育需求，为了纪念北京奥运会成功举办，自 2009 年 10 月开始每年的 8 月 8 日为我国的全民健身日，目的是倡导人民群众更广泛地参加体育健身运动。

第四节　社会体育指导员制度

一、社会体育指导员

1. 概念

社会体育指导员是在群众性体育活动中从事运动技能的传授，科学健身指导，组织管理工作的人员。

我国的社会体育指导员是在 21 世纪出现的一种新型的职业（工种），它是伴随着《体育法》和《全面健身计划纲要》不断落实和深入，伴随着人民群众日益增强的健身需要，也是伴随着群众体育、社区体育的大市场的需求应运而生的②。根据我国群众体育发展需要和实际，社会和劳动市场、社会体育服务市场需要一大批有社会责任感、具备良好职业道德、掌握体育理论和人体运动科学的基本知识，具有一定体育运动技能和具备群众体育活动的组织管理能力的高质量的社会体育指导员。要培养出一大批高质量，能被社会所接纳的社会体育指导员，不仅是一种市场的需求，还是时代的呼唤和社会的要求。从另一个角度上说，1994 年 7 月颁布的《中华人民共和国劳动法》和 1996 年 6 月颁布的《中华人民共和国职业教育法》分别在第八章第六十八条、第六十九条和第三章第二十条明确规定从事技术工种的劳动者，上岗前必须经过培训，并实行职业资格证书制度。

2. 就业准入制度

2001 年 8 月国家劳动和社会保障部实施《社会体育指导员国家职业标准》，社会体育指导员作为一种新型技术职业（工种），在从业和执业前必须要进行职业教育和专业培训。

---

① 中华人民共和国国务院令第 560 号[EB/OL].[2009-9-6]. http://www.gov.cn/flfg/2009－09/06/content_1410716.htm.
② 庞鲁华.山东省社会体育指导员现状分析与对策研究[D].济南:山东体育学院,2011.

二、社会体育指导员培训的目标与等级

1.社会体育指导员培训的目的和任务

社会体育指导员培训的目的就是要通过专门的培训,使受训者了解或掌握社会体育指导员必备的知识和技能,掌握相应等级的培训大纲所规定的内容,完成规定的培训学时数,为取得相应等级称号的考核条件创造前提,并为从事社会体育指导员职业奠定良好的基础。

社会体育指导员面临的对象是从事体育活动和锻炼的人民群众。群众性体育活动的特点是人数多,要面对不同阶层、不同年龄、不同险别、不同种族、不同职业、不同健身目的与需要的多种人群,学会组织与管理是十分重要和必要的。培训的任务之一就是要使社会体育指导员学会理解差异性、多样性和相互依存性,要学会正确、科学的组织与管理的方法。

2.职业等级

据 2011 年颁布的《社会体育指导员管理办法》规定(附件),社会体育指导员技术等级称号由低到高分为[①]:三级社会体育指导员、二级社会体育指导员、一级社会体育指导员和国家级社会体育指导员。我国社会体育指导员培训课程内容及时数比例见表2-13。

表 2-13　我国社会体育指导员培训课程内容及时数比例

课程内容	自 学		集中培训	
	三级	二级	一级	国家级
政策理论知识	10%	10%	10%	10%
体育理论知识	15%	20%	20%	25%
组织管理知识	40%	35%	30%	25%
锻炼指导知识	15%	15%	10%	10%
基本科研知识	—	—	10%	10%
自定教材教学	20%	20%	20%	20%
合　计	100%	100%	100%	100%

3.社会体育指导员称号授予情况[②]

各级社会体育指导员的批准授予权限为:三级社会体育指导员由县、区体育行政部门批准授予;二级社会体育指导员由地、市体育行政部门批准授予;一级社会体育指导员由省、自治区、直辖市体育行政部门批准授予;国家级社会体育指导员由国家体育总局批准授予。被授予社会体育指导员技术等级称号者,由批准授予的体育行政部门发给证书、证章。证书、

---

① 国务院公报.社会体育指导员管理办法[EB/OL].[2012-10-9].http://www.gov.cn/gongbao/content/2012/content_2131992.htm.

② 庞鲁华.山东省社会体育指导员现状分析与对策研究[D].济南:山东体育学院,2011.

证章由国家统一制作。对社会体育指导员按批准权限实行分级管理。各级体育行政部门及其委托的组织,应确定主管机构,设立评审委员会,分级负责社会体育指导员的培训、考核、评审以及其他管理工作。

三、全民健身计划相关法律文件对比简表

为更好地理解全民健身计划在社会体育政策文件中的地位与作用,将全民健身计划的相关的法律文件从颁布单位、时间、性质、对象、目标与内容做一简要对比(见表2-14)。

表2-14 全民健身计划相关法律文件对比简表

序号	名称	颁发部门	时间(段)	对象	目的或主要内容
1	全民健身计划纲要	国务院	1995年6月20日	全国人民	为推动改革开放新时期我国群众体育事业的发展,提高全民身体素质。1995—2000年为一期工程,2001—2010年为二期工程
2	关于贯彻《纲要》实施"全民健身一二一工程"的意见	国家体育运动委员会	1995年6月23日(1995—2000年)	全国人民	作为《纲要》第一期工程第一阶段的实施方案。"一二一"是借用体育队列队形练习中的"一二一"口令,寓意为让我们一起来参与体育锻炼活动。第一期工程包括四方面,即个体、家庭、社区和学校
3	关于开展全国亿万学生阳光体育运动的决定	教育部、国家体育总局、共青团中央	2006年12月21日	大中小学生(全体在校学生)	阳光体育运动要用3年时间,使学生体质健康水平切实得到提高。"健康第一""达标争优、强健体魄""每天锻炼一小时,健康工作五十年,幸福生活一辈子"等口号家喻户晓,深入人心。阳光体育冬季长跑活动时间为2007年11月—2008年3月,主题为"阳光体育与奥运同行"。于2008年10月26日至2009年4月30日开展第二届全国亿万学生阳光体育冬季长跑活动(以下简称冬季长跑活动),主题为"阳光体育与祖国同行"
4	关于加强青少年体育增强青少年体质的意见	中共中央、国务院	2007年5月7日	全国青少年	以迎接2008年北京奥运会为契机,进一步加强青少年体育、增强青少年体质,对于全面落实科学发展观,深入贯彻党的教育方针,大力推进素质教育,培养中国特色社会主义事业的合格建设者和接班人,具有重要意义

续表

序号	名称	颁发部门	时间(段)	对象	目的或主要内容
5	全民健身条例	国务院	2009 年 10 月 1 日起施行	全国人民	促进全民健身活动的开展,保障公民在全民健身活动中的合法权益,提高公民身体素质
6	全民健身计划(2011—2015 年)	国务院	2011 年 2 月 15 日(2011—2015 年)	全国人民	进一步发展全民健身事业,广泛开展全民健身运动,加快体育强国建设进程。实为三期工程
7	奥运争光计划	原国家体委(1998 年 3 月改名为体育总局)	1995 年 7 月第一份《奥运争光计划》颁布;2002 年 11 月第二份颁布;2011 年 5 月第三份颁布	7～16 岁少年儿童,以专业队优秀苗子为重点对象	旨在进一步推进中国竞技体育成绩的行动性纲要。 第一份"计划"制定的是 1994—2000 年的行动目标和纲领。 第二份"计划"制定的是 2001—2010 年的行动目标和纲领。 第三份"计划"制定的是 2011—2020 年的行动目标和纲领。 促进竞技体育全面、协调、可持续发展,推动我国由体育大国向体育强国迈进
8	社会体育指导员技术等级标准	国家体育总局	2011 年 11 月 9 日(1993 年发布的《社会体育指导员技术等级制度》同时废止)	社会体育指导员	促进社会体育指导员队伍发展,规范社会体育指导员工作,发挥社会体育指导员在全民健身活动中的作用
9	社会体育指导员管理办法	国家体育总局	2011 年 11 月 9 日	社会体育指导员	促进社会体育指导员队伍发展,规范社会体育指导员工作,发挥社会体育指导员在全民健身活动中的作用
10	关于加快发展体育产业促进体育消费的若干意见	国务院	2014 年 10 月 20 日	全国人民	我国体育产业快速发展,但总体规模依然不大、活力不强,还存在一些体制机制问题。为进一步加快发展体育产业,促进体育消费,提出此意见

续表

序号	名称	颁发部门	时间(段)	对象	目的或主要内容
11	中国足球改革发展总体方案	国务院	2015年3月8日	全国人民	分阶段列出了近期、中期和远期目标,说明足球改革与发展还得稳步推进。任何改革都非一日之功。《方案》尽管只是总体纲领,就已有11大项50条款的篇幅,充分说明了足球改革涉及的领域之广,环节之多。今后,在税务、工商、财政、司法等多方面还都需要再出台配套措施和实施细则,才能将改革落到实处
12	体育发展"十三五"规划	国家体育总局	2016年5月5日(2016—2020年)	全国人民	为了促进我国体育全面协调可持续发展,努力实现建设体育强国的目标,充分发挥体育在建设健康中国、推动经济转型升级、增强国家凝聚力和文化竞争力等方面的独特作用,根据党中央、国务院的总体部署和"十三五"时期我国体育发展面临的新形势、新任务、新要求而制定的规划
13	全民健身计划(2016—2020年)	国务院	2016年6月15日	全国人民	到2020年,每周参加1次及以上体育锻炼的人数达到7亿,经常参加体育锻炼的人数达到4.35亿。全民健身的教育、经济和社会等功能充分发挥,与各项社会事业互促发展的局面基本形成,体育消费总规模达到1.5万亿元。进一步丰富健身活动供给、统筹建设健身场地设施、发挥全民健身多元功能、强化重点、推动体育服务均等化
14	"健康中国2030"规划纲要	中共中央、国务院	2016年10月25日	全国人民	是为推进健康中国建设,提高人民健康水平,根据党的十八届五中全会战略部署制定

注:上述资料源于政府事业单位官方网站。

四、我国社会体育相关的法律规定简介

1.中华人民共和国宪法

《中华人民共和国宪法》是中华人民共和国的根本大法,拥有最高法律效力。中华人民

共和国成立后,曾于1954年9月20日、1975年1月17日、1978年3月5日和1982年12月4日通过4部宪法,现行宪法为1982年宪法,并历经1988年、1993年、1999年、2004年4次修订,共138项条款。其中第二十一条规定:国家发展体育事业,开展群众性的体育活动,增强人民体质。

2.中华人民共和国教育法

《中华人民共和国教育法》是中国教育工作的根本大法,是依法治教的根本大法,共86项条款。2015年12月27日,根据第十二届全国人民代表大会常务委员会第十八次会议《关于修改〈中华人民共和国教育法〉的决定》第二次修正。

第四十四条[①] 学校及其他教育机构应当完善体育、卫生保健设施,保护学生的身心健康。

第四十五条 为儿童、少年、青年学生的身心健康成长创造良好的社会环境。

第五十条 图书馆、博物馆、科技馆、文化馆、美术馆、体育馆(场)等社会公共文化体育设施,以及历史文化古迹和革命纪念馆(地),应当对教师、学生实行优待,为受教育者接受教育提供便利。

第七十九条 考生在国家教育考试中有下列行为之一的,①非法获取考试试题或者答案的;②携带或者使用考试作弊器材、资料的;③抄袭他人答案的;④让他人代替自己参加考试的;⑤其他以不正当手段获得考试成绩的作弊行为。情节严重的,由教育行政部门责令停止参加相关国家教育考试1年以上3年以下;构成违反治安管理行为的,由公安机关依法给予治安管理处罚;构成犯罪的,依法追究刑事责任。

3.中华人民共和国体育法[②]

《中华人民共和国体育法》(以下简称《体育法》)在第八届全国人大常委会第十五次全体会议上获得全票通过。《体育法》的颁布,不仅填补了国家立法的一项空白,而且标志着中国体育工作开始进入依法行政、以法治体的新阶段,这是新中国体育事业发展的一座里程碑。1995年10月1日实施。共56项条款。其中第一条的内容:为了发展体育事业,增强人民体质,提高体育运动水平,促进社会主义物质文明和精神文明建设,根据宪法,制定本法。时任国家体育总局局长的刘鹏在2008年8月24日的新闻发布会上首次透露国家每年对体育的投资为8亿元。

社会体育相关法律的连续完善,为社会体育的健康、可持续发展提供了法律保障。

---

① 教育部.中华人民共和国教育法[EB/OL].[1995-9-1].http://www.moe.edu.cn/s78/A02/zfs__left/s5911/moe_619/201512/t20151228_226193.html.

② 国家体育总局.中华人民共和国体育法[EB/OL].[2008-5-7].http://www.sport.gov.cn/n16/n1092/n16819/312031.html.

本章小节

　　全民健身计划实施以来,社会体育指导员的数量与质量对我国社会体育的发展有重要意义,本章通过学习社会体育体制,了解体育人口,加深对我国目前实施的《全民健身计划纲要》《社会体育指导职业等级制度》两个制度的认识。

本章习题

　　1.试述全民健身计划的社会意义。

　　2.成为体育人口的基本条件有哪些?

　　3.什么是社会体育指导员?我国社会体育指导员有哪些等级?

　　4.简述我国社会体育体制体系及功能。

第三章　社会体育管理

内容提要

　　社会体育管理主要从社会体育要素展开,分别阐述人的管理、财的管理、场馆的管理,社区体育的概念与特点,职工体育的概念与组织,农村体育的意义。

【本章重点】

(1)社会体育管理的要素。

(2)社区体育的概念与特点。

(3)职工体育的概念、竞赛组织的方法。

【本章难点】

职工体育竞赛的组织。

【教学方法与手段】

讲授、提问、讨论、自学、多媒体课件演示。

第一节　社会体育要素的管理

　　社会体育的基本要素有八类,按照人财物的划分,其管理主要分为三类,即经费的管理、场地的管理、人的管理。下面分别阐述。

一、社会体育经费管理

　　一家健身俱乐部,如何管理经费?——广开资金筹集渠道,合理分配使用资金(经费筹集、分配使用、核算监督)。

(一)经费筹集

1.经费筹集要求

(1)积极开辟财源。

（2）依法筹集资金。一方面可以考虑从政府补助、地方支持、社会力量、单位自筹等方面进行；另一方面，从自身内部进行管理创新，以提高资金效益。

（3）把握风险，适度举债。要考虑到偿还、承受能力。

2. 经费筹集途径

（1）国家财政拨款：减税让利，预算内拨款。南方网信息，中央财政下达 2017 年公共体育场馆向社会免费或低收费开放补助资金 9.3 亿元，用于支持体育部门所属 1 257 个大型体育场馆向社会免费或低收费开放。2014 至 2017 年，中央财政已累计安排补助资金 35 亿元，有效推动了各地体育部门所属大型体育场馆向社会免费或低收费开放。

（2）社会团体投资：厂矿、集团投资篮球赛，俱乐部会费。例如，绿地、恒大集团、金螳螂公司投资体育界。

（3）社会集资：体彩、招股、联营。2003 年年底，国家体育总局已将体育彩票公益金中央级收入的 60%，总计达 10 亿元人民币用于实施全民健身计划，加上各省区市每年投入的彩票公益金，平均每年用于全民健身的金额超过 5 亿元。2003 年体彩销售达 200 亿。2000—2014 年体育彩票销售额实现 22% 的增长率，2014 年体育彩票销售额更高达 1 764.10 亿元，同比增加 32.84%。其中 35%～60% 用于公益事业。

（4）负债筹资：债券，财政周转金。

（5）体育产业开发：门票、纪念品、直接和间接产品开发。

（二）社会体育经费的预算、审批与调整

1. 预算

（1）财务预算[1]。财务预算是反映某一方面财务活动的预算，如反映现金收支活动的现金预算；反映销售收入的销售预算；反映成本、费用支出的生产费用预算（包括直接材料预算、直接人工预算、制造费用预算）、期间费用预算；反映资本支出活动的资本预算等。综合预算是反映财务活动总体情况的预算，如反映财务状况的预计资产负债表、预计财务状况变动表，反映财务成果的预计损益表。

上述各种预算间存在下列关系：销售预算是各种预算的编制起点，它构成生产费用预算、期间费用预算、现金预算和资本预算的编制基础；现金预算是销售预算、生产费用预算、期间费用预算和资本预算中有关现金收支的汇总；预算损益表要根据销售预算、生产费用预算、期间费用预算、现金预算编制。预计资产负债表要根据期初资产负债表和销售、生产费用、资本等预算编制，预计财务状况表则主要根据预计资产负债表和预计损益表编制。

（2）预算审批。单位预算数—经上级财务部门审批、审核单位调整正式收支预算—报同级财政部门—执行。

（3）预算调整。预算经财政部门批准后，即不能随便变动，如特殊情况需要追加投资，同

---

[1] 林云.项目管理在供电企业财务预算中的应用研究[D].北京：华北电力大学，2009.

级报告后方可执行。

2.分配和使用

精打细算、合理使用资金,单位领导负责制。

(三)核算监督

1.核算

会计核算是以货币为主要计量尺度,对会计主体的资金运动进行的反映。它主要是指对会计主体已经发生或已经完成的经济活动进行的事后核算,也就是会计工作中记账、算账、报账的总称。核算按照目的的不同可以分为资金核算、成本核算、收入核算和效益核算。

2.财务分析

财务分析[①]是以会计核算和报表资料及其他相关资料为依据,采用一系列专门的分析技术和方法,对企业等经济组织过去和现在有关筹资活动、投资活动、经营活动、分配活动的盈利能力、营运能力、偿债能力和增长能力状况等进行分析与评价的经济管理活动。是为企业的投资者、债权人、经营者及其他关心企业的组织或个人了解企业过去、评价企业现状、预测企业未来做出正确决策提供准确的信息或依据。常用到的还是围绕财务指标进行单指标、多指标综合分析,再加上借用一些参照值(如预算、目标等),运用一些分析方法(比率、趋势、结构、因素等)进行分析,然后通过直观、人性化的格式(报表、图文报告等)展现给用户。财务分析含资金分析、费用分析、收入和利润分析、效益分析。

3.财务监督

财务监督的主要内容[②]:财务资料、财务活动、收支的合法性、真实性、财务制度执行。①对会计凭证、会计账簿和会计报表等会计资料进行监督,以保证会计资料的真实、准确、完整、合法;②对各种财产和资金进行监督,以保证财产、资金的安全完整与合理使用;③对财务收支进行监督,以保证财务收支符合财务制度的规定;④对经济合同、经济计划及其他重要经营管理活动进行监督,以保证经济管理活动的科学、合理;⑤对成本费用进行监督,以保证用尽可能少的投入,获得尽可能多的产出;⑥对利润的实现与分配进行监督,以保证按时上交税金和进行利润分配;等等。

4.财务检查

按范围分:全面检查、专门检查。

按检查方式分:自查、互查、上级检查。

按内容分:报表、账本、凭证检查,实物(地)检查。

① 郭复初.财务分析的性质与目的新探——财务分析系列文章之一[J].财会月刊,2009(4):45-46.
② 林云.项目管理在供电企业财务预算中的应用研究[D].北京:华北电力大学,2009.

二、社会体育场地设施管理

(一)分类

1.场地性质

常见场地构造有砂土场地、混凝土场地、合成材料场地、木质场地、运动草坪、游泳池等。

2.项目

常见项目有田径运动竞赛场地、球类运动竞赛场地、武术竞赛场地。使用体育器材有田径运动器材、篮排足乒羽网球类运动器材、健身器械、休闲运动器材。

3.产权

按照产权所有人性质,可分为国有、集体、个体、外资等。

4.经营性质

(1)公益型场地设施。例如:省游泳中心,用于训练、竞赛、福利大众。

(2)事业型场地设施。例如:企业游泳馆、学校游泳池。

(3)营利性场地设施。例如:超越健身、亚特健身、美格菲健身。

5.地域

城市场地设施约占70%,农村占30%。"十三五"期间,我国将逐步建成三级群众健身场地设施网络,推进建设城市社区15min健身圈,努力实现到2020年人均体育场地面积达到$1.8m^2$的目标。根据第六次全国体育场地普查数据,目前全国体育活动空间并不乐观,人均体育场地面积为$1.46m^2$,人均体育建筑面积为$0.19m^2$,人均体育用地面积为$2.93m^2$。其中,人均体育场地面积不足美国($16m^2$)、日本($19m^2$)的1/10。《全民健身计划(2016—2020年)》明确要求[1],新建居住区和社区要严格落实按"室内人均建筑面积不低于$0.1m^2$或室外人均用地不低于$0.3m^2$"标准配建全民健身设施的要求,确保与住宅区主体工程同步设计、同步施工、同步验收、同步投入使用,不得挪用或侵占。

(二)管理任务

建立完整的社会体育场地设施体系,提高现有体育场地设施的利用率。

1.主要内容

体育场地配套设施:体育场地灯光布置、观众席安排与空间利用、记分与计时装置、场地洒水与排水系统、更衣与沐浴设施。

体育运动设施管理:体育活动中心运动设施配备、健身房设施配备、游泳池设施配备、体

---

[1]　国务院.关于印发全民健身计划(2016—2020年)的通知[EB/OL].[2016-6-15].http://www.gov.cn/zhengce/content/2016—06/23/content_5084564.htm.

育设施日常运作管理、体育场馆安全保卫工作。

体育设施服务管理:体育设施经营项目选择、体育设施服务策略、体育设施服务过程与控制、体育场馆经营收入管理。

体育设施绩效管理:体育设施管理经费的来源与配置效率、体育设施绩效评估的基本原则、体育设施绩效评估指标。

2.使用与维护

近年来,在国家倡导体育产业发展背景下,国内开始关注工业空间改造与体育相结合的问题,过程中产生了一些较为成功的将传统工业空间与文创园区、艺术生产、商品交易、体育产业等进行结合的工业空间利用案例①。如首钢集团利用自身的工业空间优势,将体育产业作为自身城市综合服务商建设中的重要组成部分,努力将其打造为新的北京城市名片。

(1)使用。

1)正确选择社会体育场地设施。

2)方便群众体育的开展。

3)合理安排体育场地设施,提高利用率。

4)建立健全场地管理制度。

(2)维护。

1)保养。

2)修理。利用工厂修建、改造为体育场馆的例子也有很多,如对单层建筑进行改造,由于其跨度大、层高高、通风采光好等特点,适合改造成多种功能的体育运动场馆。始建于1944年的美国纽约市沥青厂于1968年停产,该建筑单层高达27 m,形如抛物面,曾是纽约地标性的工业建筑。1976年后被再利用为艺术和体育中心,内部增加为4层,下面3层为大厅、办公室、健身房、教室、小剧院等。第4层的高度占据整个建筑的一半,充分利用了建筑空间高大和抛物线形状的特点,在中间设立了篮球场,并且围绕场地做了夹层,形成了一个室内高架跑道。

三、对参与者的管理

当代社会幸福指数、存在价值、自我超越、高峰体验等名词被更多人识记②。21世纪,休闲已经成为一种刚性需求,"深呼吸、慢生活"变为一种时尚,曾经的开门七件事如今也即将演变成八件:柴、米、油、盐、酱、醋、茶和休闲。在这样的时代背景下社会体育,尤其是休闲体育日渐兴起,深受人们的喜爱。体育源于游戏,它能给人的身心带来愉悦和放松,是当代人们闲暇之余休闲生活中的重要内容。如今休闲生活方式不断发展,参与人数日渐增多,社会

① 冯晓露.体育产业介入工业空间开发利用研究[J].体育科学,2017,6(37):24-34.
② 吴伊静.休闲体育参与者自我实现与人本主义管理[J].课程教育研究,2014(8):57-58.

体育需要提供高质量的服务与管理以满足休闲体育参与者的需求。

(一)参与者的类型

1.体育人口

体育人口,俱乐部或体育社团的参加者,通常恩格尔系数较低的家庭更多(恩格尔系数=食品支出/总支出×100％)。

2.业余体育培训班的参加者

业余体育培训班的参加者,自发性,主动性较高,但具有一定的流动性。

3.业余自由参与者

业余自由参与者特点是流动性大,结构松散。

(二)管理原则

1.激发性原则

激发性原则体现在设置目标,并对目标活动展开激励等方面。

2.人本性原则

人本性原则是关心人、理解人,承认人作为一个完整个体的特点,尊重其享有的权利,在活动中需维护人的尊严与权利。

3.灵活性原则

灵活性原则是指区别对待不同年龄、职业、教育程度。

四、对管理者的管理

王国维在其《人间词话》①中认为古今之成大事业、大学问者,必经过三种境界:"昨夜西风凋碧树。独上高楼,望尽天涯路。"此第一境也。"衣带渐宽终不悔,为伊消得人憔悴。"此第二境也。"众里寻他千百度,蓦然回首,那人却在灯火阑珊处。"此第三境也。第一境界是"立",第二境界是"守",第三境界是"得"。第一境界是立志、是下决心,只有具备了这个条件才会有第二、第三境界。可对管理者的管理提供参考。

1.发现和考察人才

查阅档案,考评岗位工作,领导考察和群众评议相结合,实践观察。观察人在得势逆势时的表现是选拔人才的方法之一。孟子《生于忧患,死于安乐》为人的忧患意识做了生动的描述:故天将降大任于是人也,必先苦其心志,劳其筋骨,饿其体肤,空乏其身,行拂乱其所为,所以动心忍性,曾益其所不能。人恒过,然后能改;困于心,衡于虑,而后作;征于色,发于声,而后喻。入则无法家拂士,出则无敌国外患者,国恒亡。然后知生于忧患,而死于安

---

① 王国维.人间词话[M].周公度,译注.杭州:浙江文艺出版社,2017.

乐也。

2.确立管理人才的标准

我国五经之一《礼记·大学》提到八目,即格物、致知、诚意、正心、修身、齐家、治国、平天下……阐述了古代读书人的发展道路。德才兼备之才历来受人青睐,清代张澍在《诸葛忠武侯文集》记载诸葛亮《将苑》知人性:夫知人之性,莫难察焉。美恶既殊,情貌不一,有温良而为诈者,有外恭而内欺者,有外勇而内怯者,有尽力而不忠者。然知人之道有七焉:一曰,间之以是非而观其志;二曰,穷之以辞辩而观其变;三曰,咨之以计谋而观其识;四曰,告之以祸难而观其勇;五曰,醉之以酒而观其性;六曰,临之以利而观其廉;七曰,期之以事而观其信。在选择管理人才时,上述内容可资参考。

3.管理人才的使用

知人善用,人尽其才。例如:奥运冠军退役的使用。"一个好汉三个帮",汉高祖刘邦曾言:夫运筹帷幄之中,决胜千里之外,吾不如子房,镇国家抚百姓,给粮饷不断粮道,吾不如萧何,战必胜,攻必取,吾不如韩信……

4.正确对待管理人才(人无完人)

(1)善于考察发现人才。具备伯乐慧眼,善于发现人才。

(2)纠正嫉妒贤能心理。避免在选人用人时出现"0.9 理论"现象。

(3)客观看待、评价人才。人无完人,金无足赤。

第二节　职 工 体 育

一、意义与任务

职工体育是指企事业单位职工以健身娱乐休闲为主要目的根据业余、自愿、多样的原则所开展的体育活动。

(一)职工体育的意义

1.增强职工体质,提高工作效率(内外兼修)

美国梅萨石油公司发现,经常参加体育活动的职工每年平均病假 27 小时,保健费 173 美元,而不爱参加体育活动的职工平均病假 44 小时,保健费 434 美元。基于经济利益考虑,许多企业在工作场所提供健身活动或健身讲习班。

1992 年中国纺织机械厂改建为中国纺织机械股份有限公司,企业机制转换后,企业及各部门的自主权加重,生产任务加重,竞争更加激烈。管理层认为员工的兴趣爱好是一种潜在能量的标志,要主动满足员工的需求,为他们施展才华提供良好的舞台,激发他们的才华和潜在能力,从而把那些与企业生产经营无直接联系的能量化为推动企业发展的动力。为此,公司修复了废弃十年的游泳池,新建了拥有千人座位的看台和铺有草皮的小型标准足球场,改建了一个拥有7 000余平方米的集科技、文化、体育为一体的多功能"文化中心"。新设健身房,设施完善,环境优雅。这样做的结果,使得公司的劳动生产率不断提高,企业效益呈稳步上升趋势:1992年利润总额为5 033万元,比1991年增长204%;1993年利润总额为8 038万元,比1992年增长59.7%。

2.培养团队进取精神,增强凝聚力

在职工体育活动中,人与人,人与社会的广泛接触,可培养人们热爱祖国、热爱生活的感情,树立起社会责任感,可增强团结友爱、同心协力的集体主义观念。与规则、裁判的频繁接触,可增强职工的民主意识和法制观念,从而逐步树立起公正无私、文明礼貌、遵纪守法的社会风尚。与对手比赛,可以强化和刺激人们不甘落后的竞争精神以及奋发向上的进取意识。在体育锻炼过程中,人们需要不断克服来自个人和环境的种种困难,从而培养出人们勇敢、坚毅、果断、顽强等优良个性品质。

职工参加体育活动可以强身健体、防治疾病和延年益寿,能够学习、掌握健美体魄、消遣娱乐的方法。职工在锻炼中身体得以调节,在娱乐中精神得以充实,余暇生活文明而健康,对于抵制消极、落后、庸俗的消遣习俗和活动,形成良好的社会风气具有积极的意义。

职工参加体育活动,例如拓展训练,通过求生墙、高压电网等体验项目,帮助职工团队的凝聚力、向心力提升,进而提高工作效率,保证工作完成的质量。

(二)职工体育的任务

(1)建立组织,并完善工作制度。

(2)开展群众性体育活动,包括工间操、医疗体育和多种体育竞赛。

(3)组建运动队,搞好业余运动训练。

(4)通过体育进行企业文化的交流。

(5)建设必要的体育场地设施。

二、职工体育竞赛的管理

(一)职工体育竞赛管理的目标

职工体育竞赛管理的目标是使职工体育竞赛科学、经济和高效率地进行。职工体育竞赛管理的目标具有积极的导向、控制功能。职工体育竞赛的目标一般可以划分为下列3个层次:

(1)促进本单位职工运动技术水平的提高,为参加上一级职工体育管理部门组织的体育竞赛活动做准备。

(2)推动本单位职工群众性体育活动的开展,增强职工的体质与健康。

(3)丰富本单位职工的业余文化生活,促进本单位的精神文明建设。

(二)职工体育竞赛计划管理

通常,体育竞赛分为两种:综合性运动会和单项竞赛。综合性运动会一般至少设四个以上运动项目的比赛。在国内均以各省、自治区、直辖市、解放军和各大行业系统体协为参赛单位,参赛者通常是选拔下一级别中最优秀的运动选手代表本地区、本行业参加上一级别的比赛。此类运动会竞争激烈。目前设全国比赛制度的综合性运动会大约10种。单项竞赛一般分为两大类,即正式比赛和辅助性比赛。正式比赛主要包括锦标赛、冠军赛、联赛。辅助性比赛主要包括达标赛、分区赛、邀请赛、选拔赛、季节性室内赛及赞助性冠杯名的比赛。

职工体育竞赛计划是科学有效地开展职工体育竞赛的工作依据。它是体育竞赛活动的重要法律性文件之一。体育竞赛计划一般以年为时限,其制订的依据是本单位职工体育工作的需要和上一级职工体育工作管理部门的体育竞赛计划。

1.制订职工体育竞赛计划的内容

(1)目的与任务。

(2)种类与规模。

(3)基本要求与主要措施。

(4)日程安排。

2.制订体育竞赛计划的注意事项

(1)体育竞赛计划的安排要有较大的稳定性。

(2)竞赛时间、地点的安排不宜过分集中,要考虑训练工作和竞赛承办单位的负担能力。

(三)国内体育竞赛的奖励

1.综合性运动会的录取名次、名称的确定及奖励

(1)排列并公布各参赛单位奖牌总数、名次。按各参赛单位所获金、银、铜牌总数排列,金牌多者名次列前;若金牌数相等,则以银牌多者名次列前;若再相等,则以铜牌多者名次列前,依次类推。

(2)排列并公布参赛单位团体总分。按参赛单位男女合计所获各单项前8名的8,7,6,5,4,3,2,1计算总得分,总分多者名次列前;如相等,依次按打破世界纪录、亚洲纪录、全国纪录的项次决定,多者名次列前;如仍相等,则依次按获得第一名多者名次列前,依次类推。

(3)在我国竞技体育系列中的综合性运动会,凡奥运项目的单项竞赛,一般录取前8名给予奖励;非奥运项目的各单项竞赛,则录取前6名给予奖励。在全民体育系列中的综合性运动会,则没有奥运会项目与非奥运会项目之分,均录取前6名给予奖励。

(4)从第7届全运会开始,实行奥运会奖牌计入全运会和创、超世界纪录加牌加分的办法。还规定把全运会前的一次世界锦标赛前3名奖牌列入全运会奖励记分范围。此外,为充分发挥解放军在竞技体育训练水平方面的优势,鼓励地方向部队输送运动员,还规定解放军参加全运会实行两次记分办法。

(5)其他。例如,有的地区对省运会青少年竞赛实行结构记分法,即按照周期人才输送分,输送的人才在奥运会、亚运会、全运会上取得优异成绩的奖励分,比赛成绩等诸方面计算代表团总分,从而调动各地方培养高水平人才的积极性。

2.单项竞赛的名次录取及奖励办法

在正式比赛和非正式比赛中,无论是集体或个人,均录取前 6 名给予奖励。设团体总分的竞赛,录取办法与综合性运动会相同。创最高纪录则按世界、亚洲、全国等层次顺序,授予带有不同层次标志的创纪录奖章、证书及其他物质奖励。

3.其他辅助性设奖

为鼓励运动员以良好的品质参加竞争和裁判员公正执法,保持赛场良好的纪律和赛风,从 20 世纪 80 年代中后期开始,在我国各类竞赛活动中,开展了个人和集体的体育道德风尚奖评选活动。一般 4 天以上竞赛日程的运动会均设此类奖,并由大会授予物质奖励。评奖比例大致为个人 15∶1(含裁判员),集体在 8 队以下评 1 个队,9~16 个队评 2 个队,16 队以上评 3 个队。

(四)职工体育竞赛的过程管理

职工体育竞赛的过程管理,是指对某项具体体育竞赛活动的管理,即依据年度竞赛计划的规定,确定某项具体竞赛活动的组织方案,进而建立相应的组织机构,有目的地协调竞赛活动中的人力、财力、物力、时间、信息,保证整个竞赛活动顺利进行的过程。就一次竞赛而言,其组织管理工作可依次分为赛前工作管理、赛中工作管理和赛后工作管理 3 个阶段。其中,赛前准备工作的管理是关键环节。

1.赛前管理

赛前管理工作在竞赛组委会(或领导小组)正式建立前,由竞赛筹备委员会负责。组委会正式成立后,则由组委会负责。

(1)研究确定组织方案,主要包括以下内容:①比赛名称与比赛的目的、任务;②比赛的主办与承办单位;③比赛时间与地点;④比赛规模;⑤比赛的组织机构;⑥经费预算;⑦工作步骤。

(2)制定竞赛规程,主要内容包括竞赛名称、竞赛时间和地点、项目及组别、参加单位、运动员资格、参加办法、竞赛办法、仲裁委员会的组成及有关经费的规定。

(3)建立竞赛组织机构,各种竞赛的组织机构一般采用委员会制。

(4)拟定工作计划和行为准则。

(5)编制竞赛秩序册,内容一般应包括比赛名称、时间、地点;主办与承办单位;竞赛组织机构图;运动竞赛规程和补充规定;大会各部、处、室人员名单;各项目竞赛委员会、仲裁委员会成员和裁判员名单;各代表团名单;运动竞赛总日程表和各项目竞赛日程表;分组名单;竞赛场示意图;最高纪录表等内容。根据需要,运动员、教练员、裁判员守则及各种评优条例等内容也可附在竞赛秩序册后。

2.赛中管理

赛中管理工作始于开幕式,直至闭幕式结束。主要的管理活动如下:

(1)开幕式的组织。应包括:宣布开幕式开始;裁判员、运动员入场;奏乐升旗;领导人致开幕词;运动员代表讲话;裁判员、运动员退场;开幕式表演开始;宣布开幕式结束。为了保障开幕式既庄严隆重、热烈欢快,又紧凑精练、完满安全,一般应成立开幕式临时指挥系统,负责控制、指挥开幕式各项活动准确、顺利地进行。

(2)赛事活动的管理。研究和及时解决比赛中出现的弃权、争议、罢赛、弄虚作假、赛风等方面的问题和各种突发事件,确保赛事活动顺利进行。

(3)人员管理。包括裁判、运动员、工作人员、观众的管理。

(4)后勤管理。为比赛服务,为比赛的顺利完成提供保障。

(5)闭幕式的组织。闭幕式的基本程序:宣布竞赛闭幕式开始;裁判员、运动员入场(也可不入场);宣布比赛成绩和获奖者名单;发奖;致闭幕词;宣布大会闭幕;闭幕式表演开始;宣布闭幕式结束等。

3.赛后管理

竞赛后的管理工作主要包括以下内容:

(1)及时归还、转让、出售和处理比赛的场地、器材、服装、用具等。

(2)竞赛财务决算,接受审计。

(3)整理、汇编、寄发比赛成绩册和其他技术资料。

(4)竞赛工作总结。

(5)评比表彰工作。对参与大会工作的单位和个人、支持与协助大会的单位和个人,以及竞赛的各级组织者、指挥者和工作人员进行表彰,表示谢意。

第三节　社区体育

一、基本概念

社区体育是社区居民自愿参加的,以增进身心健康、交流情感为主要目的的就近就便开展的体育活动。

"社区(community)"一词,1887年由德国社会学家藤尼斯提出,20世纪30年代由美国社会学家帕克引入中国。由于社会学家研究的角度不同,对社区所下的定义也多种多样,从定义的出发点看,至少可以分成两大类:一类是功能主义观点,认为社区是由共同目标、共同利益关系的人组成的社会团体;另一类是地区性观点,认为社区是一个地区内共同生活的有组织的人群。大多数社会学家已逐步趋向地区性观点。

二、社区体育分类

社区体育的分类①,可按照体育活动的参与单元和活动范围、消费类型、活动时间、组织类型、参与人群、活动空间进行分类。

1. 按参与单元和活动范围分类

现实中的社区体育参与单元和活动范围种类较多,通常可以分为个人体育、家庭体育、邻里体育、微型社区体育和基层社区体育五种。社区体育可按个人、家庭、邻里(楼群、庭院或胡同)、居委会(微型社区)和街道(基层社区)为单元参与不同规模的体育活动和竞赛。

2. 按消费类型分类

按消费类型可以分为福利型、无偿型、低偿型和盈利型四种。福利型社区体育面向特殊人群,无偿型、低偿型社区体育面向日常性、经常性体育活动者,盈利型社区体育面向高收入人群或低收入非经常性体育活动者。

3. 按活动时间分类

按活动时间可以分为日常性体育活动(晨晚练活动)、经常性体育活动和节假日体育活动(节日、周末和学生寒暑假体育活动)三类。

4. 按组织类型分类

按社区体育的组织类型可以分为自主松散型和行政主导型两种。体育活动点、辅导站、社区单项(人群)体协等为自主松散型社区体育,社区体育服务中心、社区体育俱乐部、街道社区体协等为行政主导型社区体育。

5. 按参与人群分类

按参与人群可以分为学生体育、在职人员体育、离退休人员体育、特殊人群体育和流动人群体育等。

6. 按活动空间分类

按活动空间可以分为庭院体育、公园体育、单位辖区体育、公共体育场所体育和其他场所(空地、广场、江河湖畔等)体育五类。

三、我国社区体育的基本特征②

1. 组织形式基层化

社区体协,居民体育活动小组,城市社区体育的主要组织形式是街道社区体协、居民体育活动小组和晨晚练体育活动点等。这些组织形式根植在城市的基层,是群众体育实现生

---

① 李建国.社会体育[M].北京:人民体育出版社,2004.
② 夏万峰.我国城市社区体育的特征与发展趋势[J].时代教育(教育教学),2010(5):102.

活化、普遍化的保证。据 1996 年对全国 20 个省市的调查,已有 2 247 个街道办事处成立了街道社区体育组织,占街道办事处总数的 54.5%。全国 20 个省市共建立晨晚练体育活动点 21 754 个,平均每个街道的活动点 5.34 个。

2. 参与主体以老年人为主

社区体育是面向全体社区成员的,但由于中青年人迫于工作压力和家庭负担,参与体育活动的时间受到限制,因此参与主体为老年人。据 1996 年抽样调查,全国 381 个体育活动点共有 51 796 名参与者,平均每个活动点 136 人。其中 60 岁以上的占 74.0%。老年人身体健康水平下降,健康危机感加大,他们既有大量的闲暇时间,又有迫切的健康长寿和重建社会交往圈的愿望。体育活动成为他们保持健康、延缓衰老、扩大社会交往、消除孤独与寂寞、善度闲暇的理想途径。例如:北京天坛公园周末锻炼人员,早晚体育活动点。

3. 管理组织自主型与行政型相结合

晨晚练活动点有 7 种形成和管理方式,即锻炼者自发管理、体育行政部门管理、街道居委会管理、各级工会管理、各类体协管理、企事业单位管理和其他部门管理。在形成方式中锻炼者自发组成 219 个,占 57.5%,居第一位,其他几种方式形成的活动点占 42.5%。在管理方式中,自主管理占 54.9%,其他几种方式管理的活动点占 45.1%。

4. 活动时间以早晚为主

据调查,晨晚练活动点在早晨 8 点以前活动的占 79.8%,晚上活动的占 48.6%,上午和下午活动的相对较少。多数活动点在早晨 8 点以前活动,这既与活动点缺乏活动场所有关,也与我国人民特别是老年人“早起早睡”的作息习惯有关。

5. 活动内容文体一体化

当前初级阶段的社区体育,由于受体育场地设施条件的限制,社区体育的活动内容以气功、健身操、交谊舞、武术等内容为主,非竞技化、韵律性、传统性、文体一体化特点十分明显。例如:气功、交谊舞、太极柔力球。

6. 活动场所非正规化、属地化

社区体育活动主要在 8 类活动场所中进行,在就近的公园(22.8%)、街道居委会场地(16.8%)和街头巷尾(19.9%)活动的活动点居前 3 位。我国社区体育场地严重匮乏,难以满足需要,不得不利用公园、空地作为补充。

四、社区体育的组织管理

1. 社区体育管理的任务

社区体育管理的根本任务是为开展好本社区的各项体育活动服务。具体任务有建立健全社区体育组织(为社区体育提供坚实的组织保障),制订社区体育工作计划,合理配置、综合利用和开发社区体育资源,组织开展社区体育活动,组织体育活动骨干和积极分子的培训,建立健全社区体育管理的规章制度。

2.社区体育管理的基本要求

立足所在区域实际,因地制宜,搞好单位体育与社会体育的合作和协调。培养社区居民的自主锻炼意识,动员社会力量参与社区体育活动。不断激励居民体育锻炼的兴趣和热情。注重社区体育的科学性和实效性。重视人的要素,重视两手抓:硬件建设与软件建设。

3.社区体育管理要点

社区体育管理要点有:妥善处理社区体育组织与体育行政部门的关系;充分发挥驻社区企、事业单位的作用;重视人的要素,发挥社区中体育积极分子的作用,传帮带,做好社区体育工作;加强居委会一级社区体育组织建设;通过多种途径筹集社区体育活动经费;以多种形式开展社区体育活动;构建社区体育服务体系;建立社区体育工作的奖励机制和约束机制。

4.社区体育常见的业务相关部门

(1)街道办是社区体育的领导和管理部门。

(2)体育局群体司(处)是业务主管。

(3)民政部门。

(4)城市规划。

(5)文化部门。

(6)教育部门。

下面以西安工业大学金花校区驻地为例,阐述社区体育微观管理等情况。

(1)陕西省(我国 34 个省级行政区:23 个省、5 个自治区、4 个直辖市、2 个特别行政区) 3 700 万人,约 22 万 km²,辖 1 个副省级城市,9 个地级市:榆林、延安、铜川、宝鸡、咸阳、渭南、汉中、安康、商洛和杨凌区。缘在河南陕县以西故曰陕西。陕西省体育局对口管理指导全省社会体育活动。

(2)西安市(17 个副省级城市之一):十三朝古都,843 万人,位于渭河平原最低海拔 345m,11 区 2 县;碑林(22 km²,85 万人)、新城(31 km²,64 万人)、莲湖、雁塔、未央、灞桥、临潼、阎良、长安、高陵、鄠邑区,周至县,蓝田县。西安市体育局对口管理指导全市社会体育活动。

(3)碑林区因碑林而驰名,书院门、八仙庵、小雁塔,17 所大专院校,110 多家科研单位, 22km²,8 个街道办,100 多个社区,常驻人口 83 万,辖 33 个局室。

1)区教育局:基础教育科(中小学管理),职业教育和成人教育科。

2)区文化体育局:①办公室;②文化科;③体育科:社会体育的协调指导与安排、业余体校及竞赛的指导与安排、等级裁判、裁判培训;④文化体育市场行政执法队。

(4)长乐坊街道办事处:2.6 km²,11 个社区居委会,44 家企事业单位,人口 70 823 人。辖金花、伞塔、兴庆、长乐、八仙庵、新兴、景龙社区……文化事业服务站:①党工委办公室;②

城市管理科;③司法所;④计划生育技术服务站。

(5)金花社区:社区居委会对口管理辖区各单位体协、居委会体育小组、体育活动点、体育辅导站、体育协会。

(6)驻地文化(拓展延伸性内容)。

1)八百里秦川尘土飞扬,三千万人民齐唱秦腔。

2)"biangbiang 面":一点飞上天,黄河两道弯,八字大张口,言字往进走,左一扭右一扭,东一长(zhang)西一长,中间加个马大(dai)王。心字底,月字旁,留个钩搭挂麻糖,推个车车逛咸阳。

3)肉夹馍。陕西(乃至西北大部分地区)著名小吃,起源于战国,当时称"寒肉",构词属古语省略倒装。

4)葫芦头。葫芦头是西安特有的风味小吃,它和羊肉泡馍有相似的地方,即同为掰馍,但主要原料不是羊肉,而是猪肠。其主料由猪大肠头、猪肚头、肥肠去腥膜后加佐料煮成汤,再用汤煮馍而成。其汤醇味浓、鲜香适口。葫芦头起初名为"杂糕"。名医孙思邈到长安一家专卖猪肠的小店吃饭觉得腥味大,油腻多,得知制法不得当,便传授窍道,并留药葫芦让店主调味,店主为感激孙思邈,特将药葫芦高悬门口,"葫芦头"名从此传开。

五、全民健身工程与健身路径

1. 全民健身工程

"全民健身工程"这个词,最早出现在《中国体育彩票全民健身工程管理暂行规定》(2000)中,该规定对全民健身工程的定义作了详细表述,并对全民健身工程的定位、内容和受赠地区、受赠对象、受理权限、建设和配置、责任和义务等都作了明确的规定。

全民健身工程的构成内容主要包括"全民健身路径工程[①]""全民健身活动中心工程""雪中送炭工程""绿色体育工程"和"农民体育健身工程"。全民健身工程是政府主导,以体育彩票基金支撑的公共行为,是"造福全民的工程",健身路径工程(简称路径工程)是全民健身工程的重要组成部分,它主要包括全民健身路径及其配套体育设施。

2. 全民健身路径

全民健身路径简称"健身路径"(见图 3-1),又称户外健身器材,或者叫室外健身器材,在我国通常指修建在室外,占地不大,因地制宜,简单易建,投资不大,美观实用,方便群众,老少皆宜,集科学性、趣味性和健身性于一体的大众公共体育设施,一般由 5~20 条不等路径设施组成。

---

① 杨立超.我国全民健身路径工程发展历程、存在问题及对策[J].浙江体育科学,2010(2):7-12.

图 3-1　全民健身路径

六、陕西省社会(社区)体育示范点实例

1. 沣河生态景区全民健身示范区

2015 年 6 月 19 日陕西省第一个新型体育公园——沣河生态景区全民健身示范区建成开园①。示范区是陕西省内首个以体育场地和健身设施为中心进行整体规划设计,其他配套设施和园林绿化均以此为中心配建的新型体育公园。沣河生态景区全民健身示范区占地 32 余亩,包含 20 张乒乓球台的乒乓球区、两个标准笼式灯光篮球场、一片带有观赛椅的五人制笼式灯光足球场、一片塑胶地面的儿童器材区、两片全民健身器材区、一个棋文化亭、一个主题雕塑、一片健身广场和 520 米塑胶健身步道。新型体育公园特点体现在,一是"新"项目,由传统的单一器材配置,升级为包含篮球、足球、乒乓球等多种运动场地、健身广场、健身步道和景观雕塑为一体,场地和器材并重的综合性健身园区。二是"新"思路,园区以体育场地和健身设施为中心进行整体规划设计,其他配套设施和园林绿化均围绕这一中心建设,体育健身设施建设成为真正的主角。三是"新"选址,响应国家倡导的充分利用城郊山、川、塬、河、湖等自然条件,在沣河畔因地制宜而建,形成城市短途健身目的地,有效解决了市区内工程面积小、项目少、功能单一的不足,积极引导广大民众走出市区、走进大自然进行健身和休闲。

2. 老年人体协有新的发展

2015 年陕西省 175 个村、镇、社区被授予"省级老年人体育健身示范村、镇、社区"称号。据陕西日报消息②,截至 2015 年,全省县以下老体基层组织总数已达 10 211 个,其中乡镇(街办)有老体组织 941 个,行政村有老体组织 6 950 个,社区有老体组织 1 863 个,各市县区党政机关、企事业单位有老体组织 457 个。全省乡镇(街办)、社区老体组织覆盖已经达到 76.8% 和 81.5%,分别比 2012 年提高 14.8% 和 31.1%。省直党政机关老体组织覆盖率也

---

① 西部网,陕西新闻网. 西安新型体育公园开园　为市民再添一处健身场所[EB/OL]. [2015-6-19]. http://sports.cnwest.com/content/2015－06/19/content_12783459.

② 陕西传媒网——陕西日报. 创新推动陕西省老体基层建设取得新发展[EB/OL]. [2015-1-19]. http://www.sxdaily.com.cn/n/2015/0119/c266－5605033.

接近 80％，取得了新的突破性进展。

3.西安市社区全民健身路径情况

2011 年西安市已经实现了社区全民健身路径全覆盖。截至 2012 年，已经在全市 60％以上的农村行政村建成了农民体育健身工程。未央广场全民健身示范区被省体育局列为全省全民健身亮点工程，是西安市继环城墙公园、大明宫遗址公园、汉长安城遗址公园、唐城墙遗址公园健身园区之后的又一个大型健身区。

4.西安市新城区体育工作情况

全国城市体育先进社区——新城区韩森寨街道办事处东方社区，是继西安市西京社区、韩森寨（国家级体育健身俱乐部）等，西安市第 13 个被命名的全国城市先进社区（《全国城市体育先进社区评定办法》见附件）。新城区文化体育局荣获全国群众体育先进单位称号（2005 年），下有 6 个街道办事处被命名为"全国城市体育先进社区"，3 个街道办事处被命名为"全国群众体育先进单位"，7 个社区被省政府授予"陕西省城市体育先进社区"称号，连续 15 年被评为西安市学校体育达标工作先进单位。全民健身活动广泛开展，经常参加体育活动的人数占区总人口的 45％。在 2005 年全国第十届运动会上，新城区文体局受到国家体育总局表彰，荣获"全国群众体育先进单位"称号；被国家体育总局评为"全国全民健身周先进单位"称号。

5.全国全民健身示范城市情况

2014 年 1 月国家体育总局正式批准宝鸡市为"全国全民健身示范城市"，宝鸡市成为全国 20 个"全国全民健身示范城市"之一。

第四节　农 村 体 育

一、农村体育的概念

所谓农村体育，是指以农民为主要参加对象，以增强体质，丰富社会文化生活，促进社会主义精神文明建设等为主要目的的群众性体育活动。

二、发展农村体育的意义

发展农村体育有着非常重大的意义，具体表现在以下几方面：

（一）发展农村体育有利于整个中华民族体质的增强①

2010年第六次全国人口普查主要数据公报显示：居住在城镇的人口为665 575 306人，占49.68%；居住在乡村的人口为674 149 546人，占50.32%。说明农村依然是我国人口的主要聚集地之一。所以发展农村体育在我国体育事业发展中占有最大的人口基础和战略地位。农村体育的发展程度，直接关系到中国大多数人口的体质和健康水平。在建设具有中国特色的社会主义伟大事业的历史进程中，我们的党和国家历来把发展农业、建设农村、改善农民生活作为安邦治国的大事。在农村人口占50.32%的中国，发展农村体育，有利于《全民健身计划》的全面贯彻实施，有利于体育强国的建设，有利于中华民族身体素质的增强，有利于提高农业劳动生产力，促进农村经济的发展。发展农村体育，利国利民。

（二）发展农村体育有利于农村社会主义精神文明建设

当前，我国正处于一个重要的历史发展时期，也是社会主义现代化建设的重要发展阶段。

党的十九大报告中的"实施健康中国战略"部分提出了与时俱进的全民大健康观念，这是实现"把人民对美好生活的向往作为奋斗目标"的具体落实。农村社会主义精神文明建设的根本任务，是全面提高农民的思想道德素质和科学文化素质，为农村经济社会发展提供强大的精神动力、智力支持和思想保证，体育是强国强民的大事，是提高劳动者素质的有效手段。这就意味着我们不要把开展农村体育仅仅看作是增强农民身体素质的事，而是要充分认识到开展农村体育有利于农村社会主义精神文明建设。应该在农村充分发挥体育娱乐身心、陶冶情操、振奋精神、团结合作、拼搏进取的功能。

在实践当中，农村体育开展好的地方都确确实实感受到了大力开展农村体育在建设精神文明方面的好处，许多地方的经验说明：多了一个球场，少了一个赌场；多了一个乒乓球室，少了一个庙宇。许多体育先进乡、村成为"无赌村""无刑事案村""文明村""文明乡"。通过参加体育活动，人的精神面貌发生了变化，积极向上、勇于拼搏、严守纪律、互相学习、互相尊重的新一代农民正在成长，有力地抑制了农村的赌博和封建迷信活动，社会治安也有了明显好转。党的十九大报告鼓舞人心，只要沿着健康中国的战略部署有序迈进，中国必将成为社会主义现代化健康强国。

（三）开展农村体育有助于丰富农民的业余文化生活，形成健康、科学、文明的生活方式

目前全国已有554个县跨入全国体育先进县行列，有686个乡镇被评为"全国亿万农民健身活动先进乡镇"。全国各省、自治区、直辖市及70%的地市、50%的县、40%的乡镇成立了农民体育协会。

目前农村体育存在的问题有：乡村农民思想解放步伐缓慢、封建传统观念根深蒂固、健

---

① 曾理.中国农村体育现状及对策研究[D].成都：四川大学，2003.

身观念意识不强、参与人群较有限等是造成难以全家一同参与体育锻炼的原因[1]。特别是当今农村"空巢"化日趋明显,越来越多的"留守"老人和孩子已构成现今农村一个日渐增多的特殊群体和社会现象。但是随着全民健身计划的实施,这些问题逐渐得到好转,一些地方的农村还适应农民需要,成立了体育辅导站和健身俱乐部等。相当一部分地区的农民以业余、自愿为原则,以民族传统体育项目为主,开展体育活动。组织各种体育比赛,活跃着农村的业余文化生活,体育成为农民生活中一项不可缺少的内容。例如,素有"自行车之乡"美誉的天津市武清县王庆坨镇,共有自行车厂家268家,从业人员1万余人,行业总资产2.5亿元,年产中、高档自行车、电动车800万辆,出口120万辆,占全国总量的1/10,占天津总量的1/3,销售收入14亿元,成为中国北方最大的自行车生产基地。王庆坨镇的大人小孩都喜爱乒乓球,村村厂厂都有乒乓球队,全镇每年经常参加乒乓球活动的人数达1万人左右,占全镇总人口的28.6%,这个镇几乎是天天有活动,月月有比赛,锻炼和参加比赛成为该镇不少农民日常生活中的组成部分。1991年被命名为"全国亿万农民健身活动先进乡镇",有"乒乓之乡"美称。

三、农村体育的任务

1.农村体育的任务

当前我国农村体育工作的主要任务是:努力普及群众性的体育活动,不断提高广大农民的身体素质和运动技术水平,从而为丰富农民的业余文化生活和社会主义两个文明建设服务。

从我国农村体育的发展来看,虽然已有了较大的发展和进步,但仍然存在着一些问题,如广大农民的身体素质不尽如人意。在1999年公布的中国成年人体质测定结果中,农民的身体形态、素质、机能等大部分指标低于科技人员、行政管理人员、工人等人群,部分地区的农民仍是癌症、心血管疾病和各种传染病的高发人群。另外,相当大的一部分农村地区,黄、赌、毒等丑恶现象及非法宗教活动仍很猖獗,一些地方领导同志忽视农村体育工作,没有把体育作为农村两个文明建设的重要内容摆到应有的位置,农村的体育场地、器材仍非常匮乏,许多农村仍然没有体育组织。

2.农村体育工作的主要内容

为了完成我国农村体育的任务,当前需要做的工作主要有下列几项[2]:①进一步提高对农村体育工作的认识,把发展体育事业纳入小康村镇建设的发展规划,作为农村社会主义精神文明建设的重要组成部分和创建文明村镇活动的重要内容。②加强农村体育基层组织建设,发挥村委会在农村体育中的作用,完善组织机构体系和人力资源体系。区县是试点村建

① 许月云,许红峰. 新农村建设中农民体育健身工程效应的研究[J]. 山东体育学院学报,2009(3):29-32.
② 曾理. 中国农村体育现状及对策研究[D]. 成都:四川大学,2003.

设的主要领导管理者,起主导作用;乡镇是试点村建设的直接组织指导者,起关键作用。积极引导和加快建设适合农村特点、植根于农民群众之中的各种群众体育组织,发挥以农民体协为主体的各种群众体育组织的作用,形成农村健身组织体系。③要结合农村集镇建设,进一步有规划、有目标地建设和改善体育场地设施,为农民提供体育健身的物质条件。④积极培训以社会体育指导员为主体的农村体育骨干队伍,发挥他们在组织群众开展科学健身中的重要作用。⑤从农村体育的特点和规律出发,努力探索适合农民特点的体育活动方式。⑥组织好竞赛活动,充分发挥竞赛的杠杆作用。⑦积极推进农村体育的社会化进程,大力倡导社会团体和个人修建体育场所,自办小型竞赛和业余训练,设立健身辅导站等。

本章小节

社会体育管理主要从社会体育的要素展开,分别阐述人的管理、财的管理、场馆的管理内容与要求,社区体育的概念与特征是本章阐述的重点,职工体育的概念与组织、农村体育的意义属于理解性的内容。

本章习题

1. 试述社区体育的概念与特征。

2. 我国职工体育的概念是什么?

3. 职工体育竞赛开闭幕式的一般流程有哪些?

4. 健身路径指的是什么?

5. 当前我国农村体育工作的主要任务有哪些?

第四章 体育产业

内容提要

体育产业的分类与概念,体育产业化,体育产业的核心产业与边缘产业的区别,拓展训练的概念、特点、常见项目。

【本章重点】

(1)体育产业的概念。

(2)体育产业的分类。

(3)拓展训练的概念、常见项目。

(4)体育产业化的概念与意义。

【本章难点】

体育产业的划分。

【教学方法与手段】

讲授、提问、讨论、自学、多媒体课件演示。

第一节 体育产业概述

伴随人民生活水平的提升,人们越来越注重生活的质量,健身路径、跑步机、瑜伽、健身健美、体育产业等词汇日益进入人们的生活,那么什么是体育产业呢?

一、概念辨析

(一)体育与产业

产业有两种含义:①指家产、私有财产,如土地、房屋、工厂等;②指生产行业,亦可特指工业。体育是为了增进健康、促进交往、取得良好比赛成绩的一种社会活动。从经济学理论的使用价值来理解,所谓产业,是指生产同一性质产品或劳务,从字面上理解,体育产业是进行生产体育实物和非实物产品活动的行业。

(二)体育产业的要素

"体育产业"一词中,体育是定语,产业是主语。体育是需要消耗物质的,从某种角度看体育本身不产生价值,但是可以通过体育活动拉动其他产业的发展,如:餐饮业、制衣业、体育场地建设业等。产业活动是人与人之间活动关系的集合,体育产业包括行业的从业者,生产资料、服务对象,即:①主体(消费者);②主导(生产方);③联系二者的内容与措施。产业属于经济范畴,离不开市场,市场供求串联三者。

(三)体育产业的概念

理论界认为,体育产业是指为满足人们健身健美、娱乐休闲和精神需要,从事体育劳务产品的生产和经营服务的体育部门、体育机构、社会团体、企业和其他法人(法人指具有民事权利资格的社会组织)的总称[①],体育产业的产品分实物型和非实物型。

在实际操作中,张林教授认为,体育(产业)及相关产业是为社会公众提供体育服务和产品的活动,以及与这些活动有关联的活动的集合。

整合上述观点,本质上体育产业是一种社会供求活动。体育产业是指为满足人们健身健美、娱乐休闲和精神需要,从事体育劳务产品的生产和经营服务的行业。

二、宏观分类方法

(一)两部门分类法

产业经济学家根据经济生产活动的产品是否有形,把生产部门划分为物质生产部门和非物质生产部门。物质生产部门的产品通常可以通过某些物理量加以描述或测定,非物质生产部门提供的产品通常是无形的,较难加以衡量。物质生产部门包括工业(生产、制造、采掘业等)、农业(农林牧副渔)、建筑业、商业(指物资供应、商品流通及饮食、缝纫、洗染、日用品修理等)等部门;非物质生产部门包括城乡公共服务业、金融业、文教卫生(指文化、教育、体育)等部门。

(二)三次产业分类法

三次产业的分类方法是由新西兰经济学家费歇尔和英国经济学家科林.克拉克提出的,在国际范围内得到了普遍的认可。我国三次产业范围是,第一产业:农业;第二产业:工业;第三产业:除第一、第二产业以外的众多部门的经济活动。第三产业的经济活动划分为流通部门和服务部门两大部分,可以细分为4个部门:①流通部门;②为生产和生活服务的部门;③为提高科学文化水平和居民素质服务的部门,包括科学、教育、文化、卫生、体育、社会福

---

① 李金龙,刘宗立.社会体育概论[M].南宁:广西师范大学出版社,2005.

利、广播电视等事业;④为社会公共需要服务的部门。国务院于 1992 年在关于加快第三产业发展的决定中,明确地把体育产业列为第三产业的第三个层次。

(三)其他分类方法

比如:标准产业分类法(联合国于 1971 年颁布),霍夫曼分类法(德国经济学家霍夫曼提出),生产要素构成比率法(体育产业是技术或资本密集型产业),产业关联顺序分类法,产业生命周期分类法等方法。

三、体育产业的分类

(一)按照两部门分类法分类

1.体育的核心产业(无形产品)

体育本体产业是整个体育产业的核心,包括体育竞技业与大众健身业,具体形式为:①不同水平的竞技体育比赛,如足球世界杯,亚运会,省(市)羽毛球赛等,主要具有政治作用和宣传作用:体现国家(体制)、民族或地区的美誉,扩大区域影响力。如:刘翔跨栏仅电视转播这一块就赚足了人们的眼球,政治和经济利益双丰收,因此刘翔跨栏比赛属于体育产业,同样 NBA 也是属于体育产业;②大众健身业,如开设搏击操、舍宾的健身俱乐部,设有棋牌的小区活动室,举办太极拳、老年健身操、舞蹈活动的社区体育等,这些活动无不彰显着与经济的联系,如场地、服装、器材、音乐光盘、照明等费用。

2.体育的相关产业(有形产品)

体育的相关产业亦称体育外围产业,包括体育用品、体育器材、体育服装、体育建筑、体育广告和体育保险等。实践课"社会调查"的调查内容之一就是体育鞋服品牌,格式与要求见附件。

(二)按照活动目的和社会分工分类

1.体育事业组织与管理活动

主要指国家体育行政部门管理的各级各类体育运动俱乐部、运动队、体育社团等,如西安体育学院散打队、陕西省跆拳道队等,其主要特征是国家相关部门投资,负责管理,具有显著的专业性。此类活动的目的通过参加竞技体育获取优异名次、为国(省市)争光,在此过程中人们通过现场或电视转播观看比赛,学习知识、通过视听觉获得美的享受,放松心情(精神消费)。

2.健身休闲娱乐组织与管理活动

主要有综合性的体育娱乐场所、健身中心、体能训练场所、户外休闲娱乐场所等的管理,比如:保龄球馆、沙狐球室、射击馆、滑冰、攀岩等活动的组织与管理,体育技能的培训与指导等。

3.体育场馆组织与管理活动

包括综合体育场(馆)、体育训练基地等,如羽毛球馆,足球场等,生产方(或管理方)通过提供场地和服务与消费者建立联系,比如设计建造体育场馆,打扫场地、照明、场地维修、提供球(拍)、饮用水等服务。

4.体育中介服务

包括体育经纪、体育票务、健身(营养)咨询、体育会展、体育赛事的代理、筹备与组织,健身指导与培训等,如,周末儿童参加网球兴趣班。

5.体育服装、鞋帽、器材等用品生产与销售

(1)体育用品制造与销售:球类、体育器材及配件、训练健身器材、运动防护用具等制造与销售。

(2)体育服装及鞋帽制造与销售:运动类服装、鞋帽等制造与销售。

(3)体育器材制造与销售:室内游戏器材、运动箱包、运动饮料、体育专用车辆、体育场地专用照明等制造与销售。

(4)体育图书、音像制品及电子出版物批发服务。

6.其他

(1)体育科研。

(2)体育彩票。

(3)体育传媒等。

(三)按经营管理分

1.经营管理型体育产业

如商业性体育表演、健身俱乐部、广州恒大俱乐部等,主要依靠法律手段与产业政策管理调控。

2.半经营管理型体育产业

带公益性,如:体育学校、青少年活动中心、运动会。

3.非经营管理型体育产业

健身公益性,如:校运动会、阳光体育。

(四)按与体育紧密程度分

1.体育核心产业

体育表演、健身娱乐业、体育科技服务、训练、保健、健康咨询,例如,"优人神鼓"。优人

神鼓是台湾一个表演艺术团体,前身为优剧场。优人神鼓以"先学静坐,再教击鼓"为原则,揉合果托夫斯基身体训练、东方传统武术、击鼓、太极导引、民间戏曲、技艺、宗教科仪、静坐等元素,创立了一套独特的表演形式"当代肢体训练法"。

2.体育相关产业

体育饮料(如广东健力国集团有限公司)、体育灯光(如北京万业新能源照明工程有限公司)、体育服装、体育器材与工程(如北京舒华阳光体育发展有限公司)等等。

3.体育部门兴办的与体育无直接关系的产业

如体育部门投资开设的房地产、餐饮、商店。

四、体育产业化

(一)体育产业化[①]

体育产业化就是把体育纳入到生产领域,有意识地通过发展体育产业,推动体育事业和国民经济的发展。

(二)社会体育产业经营管理的概念及意义

1.概念

社会体育产业经营管理是指体育产业部门为实现其经营目标所从事的各种管理工作的总称。

2.意义

培育体育产业,尤其是小微体育产业,有利于我国经济的丰富与可持续发展。

(三)社会体育产业经营管理的内容和要求

1.内容

(1)体育竞赛表演业的管理。例如:竞赛招标、体育经纪人。

(2)健身娱乐业的管理。例如:10人11足趣味项目从日本引入。

(3)体育彩票业的管理。

(4)体育场馆经营管理。以体为本,多种经营。

(5)体育无形资产的开发和管理。例如:体育名称、标志权、电视转播、科技有偿转让。"芈月"食品商标报价60万。

(6)体育用品业的管理。例如:体育用品博览会(陕西省体育场)。

---

① 李金龙,刘宗立.社会体育概论[M].南宁:广西师范大学出版社,2005.

（7）体育系统的多种经营管理。

2. 要求

（1）健全法规制度、完善调控机制。

（2）正确处理"主业"和"副业"间的关系。

（3）把握生财、聚财、理财、用财之道。

五、国家级体育产业基地简介

国家体育产业示范基地、单位和项目，是经国家体育总局命名，在体育产业发展方面具备相当基础、规模和特色的体育单位，或在体育产业某领域具有重要影响力和较强竞争力的体育单位，有体育产业"国家队"的美名。评审认定工作以《国家体育产业基地管理办法（试行）》和《国家体育总局关于进一步加强国家体育产业基地建设工作的通知》为依据，经过形式审查、专家评审、现场评估、综合评定、核定与公示等6个阶段[1]，最终产生了此次评审结果（见表4-1）。

在11个新获评的国家体育产业示范基地中[1]，既有冰雪产业发展热点区域的代表，如河北省张家口市的"崇礼国家体育产业示范基地"；也有东部长三角地区的排头兵，江浙沪2016年共入选了4个产业基地；亦有西部地区新疆、甘肃、重庆深耕体育产业的代表，其中甘肃省3个县区（酒泉市肃州区、玉门市、金昌市金川区）被命名为"河西走廊（县域）国家体育产业示范基地"，彰显了"一带一路"的新时期魅力。此外，北京奥林匹克公园由之前的示范单位升格为示范基地，"北京奥园国家体育产业示范基地"，从体育产业区域化聚集发展的角度看，确实名副其实。在新入选的22个国家体育产业示范单位中[2]，有9家体育用品制造与销售企业、3家场馆运营类组织、3家体育旅游类企业以及7家健身休闲/竞赛表演/培训及其他类的企业。这既体现了目前占比较大的体育用品制造业蓬勃发展的活力，也体现了新时期体育产业融合发展的特色，给万千在体育大众消费中创业的小微企业树立了榜样、增强了信心。而新入选的国家体育产业示范项目，既有热门的马拉松、自行车、汽摩运动项目，也有重视生态、凸显区域特色的精品项目，这为地方体育产业项目创精品、抓特色树立了标杆。截至2017年2月，含2016年新获评的45家在内，国家体育产业基地成员总数已达到70家。

---

① 搜狐体育. 助力区域发展弘扬体育特色 体产业基地添新［EB/OL］.［2017-2-10］. http://www. sohu. com/a/125960669_499982.

② 人民网. 新一批国家体育产业基地评选结果公布［EB/OL］.［2017-2-11］. http://www. ecosports. cn/Home/Newsflash/show/id/2232.html.

表 4-1 国家级体育产业基地建设情况一览(截至 2015 年 6 月)

序号	名称(成立时间、地点)	主要内容	特色	代表企事业(产品)
1	深圳国家体育产业基地(2007 年 4 月,深圳)	2005 年,深圳市体育产业总产出为 24.47 亿元,全市整个体育产业增加值约为 40 亿元。当前深圳体育产业的三大支柱行业分别是体育用品业、健身休闲业、体育彩票业	能充分发挥试验田的作用,利用自身的科技优势、产业优势、体制优势和地缘优势,加快构建完善体系,为我国体育产业和体育事业的全面、协调、快速发展提供经验和示范效应	深圳市好家庭实业有限公司
2	成都国家体育产业基地(2006 年 12 月,成都温江区)	预计总投资约上百亿元,建成后,可增加就业岗位 3~5 万人,每年吸纳旅游者 700 万人次以上。含金马国际马术体育公园、综合性场馆等;含室内滑雪场、电子竞技、水上运动、环湖国际自行车赛、TOP 高尔夫等;含亲子主体公园、低碳社区等;聚集体育用品研发和制造	专业体育竞技板块;体育休闲体验板块;体育商务配套板块;体育用品研发制造板块。四川新田、广州波尔等 18 家知名体育产业企业与温江区签约,其中上亿元项目有 9 个,全部 18 个项目全部投产预计可实现产值 30 亿元,实现利税近 3 亿	室内滑雪场,金马国际马术体育公园
3	福建晋江国家体育产业基地(2007 年 12 月,晋江)	"一带"即规划和建设集大众健身、竞赛表演、运动训练、商贸会展、体育生活化社区、旅游休闲为一体的滨海运动休闲产业带。二地"即打造全球体育装备制造基地和国家级运动训练基地。"一中心"即打造全国体育赛事中心城市。根据这样的发展目标和现有的优势资源,晋江将曾强城市活力,丰富城市内涵,提升城市形象,倾力打造中国体育城市	"一带二地一中心"的规划布局。晋江曾荣获"世界夹克之都""中国鞋都"等 13 个"国字号"区域品牌称号,因而得来"品牌之都"的美名。	安踏、匹克、361°、喜得龙、金莱克、德尔惠、贵人鸟等鞋子、衣服

续表

序号	名称（成立时间、地点）	主要内容	特色	代表企事业（产品）
4	北京龙潭湖国家体育产业基地（2008年12月，北京崇文区）	计划投资120亿元，其中一期总投资85.3亿元，现已投入18.9亿。基地位于北京崇文区东南部，包括龙潭三湖公园和体育馆路地区，实际可利用面积约173公顷。产业园集中了国家体育总局及所属22个运动项目管理中心、体育报业集团等体育产业媒体和外联、科研等机构。根据规划，未来5年龙潭湖体育产业基地将形成"两中心、两基地"的基本格局及九大功能分区	"2中心、2基地"即体育休闲娱乐中心、体育商务交流中心、体育产业总部基地、体育研发及行政中枢基地；九大分区即新兴运动动感区、时尚体育休闲区、体育科技体验区、体育文化活动区、体育商贸服务区、国际体育交流区、体育商务传媒区、体育产业总部区、体育研发及行政办公区	体育行政、体育科研
5	浙江富阳国家体育产业基地（2009年9月，富阳）	富阳先后获得"中国十大特色休闲基地""浙江旅游十大城市金名片"和"中国运动休闲之城"称号。 富阳体育产业已初具集群发展规模，并为县域社会经济的发展做出一定贡献，应充分发挥区域品牌与区域资源的系统性优化配置作用，提高富阳体育产业的品牌意识和经营水平，抓住杭州建设"东方休闲之都"的战略契机，更好更快地实现体育产业与区域经济社会的和谐发展	成功打响"休闲杭州、运动富阳"的城市特色品牌。富阳现有体育用品制造企业600余家，从业人员4万多名，赛艇、球拍、龙舟、自行车、室内外健身器材、水上航模器材等块状经济发展迅猛，运动休闲经济逐步成为富阳国民经济新的增长点	休闲杭州、运动富阳

续表

序号	名称(成立时间、地点)	主要内容	特色	代表企事业(产品)
6	山东乐陵国家体育产业基地(2010年8月,德州乐陵)	2010年,总投资50.44亿元的泰山体育产业园主体工程业已完工。 目前拥有规模以上体育产业用品生产经营及配套企业60多家,从业人员1.85万人,形成涉及体育器材、原材料、服装、文化传媒、功能性饮料、运动专用医药等多领域的体育产业体系。龙头企业泰山体育产业集团与中国科学院、华东理工大学及山东大学合作,建成国家体育用品工程技术研究中心、国家认定企业技术中心和博士后科研工作站三大研发中心,自主研发碳纤维纳米比赛用杠面、电动撑杆跳高架、"爱动"全民在线运动健身产品等均居国际领先水平	龙头企业泰山体育产业集团是北京奥运会和第十一届全运会最大器材供应商,先后荣获"中国驰名商标""中国名牌产品"和国家免检产品多项殊荣	泰山体育产业集团
7	苏南(县域)国家体育产业基地(2013年8月,江阴市、昆山市和溧阳市)	规划面积2km²的锦溪国家体育科技(产业)园,作为昆山体育产业集聚区的核心区和先导区,下设高新体育用品制造与研发、体育健身休闲与康复、体育竞赛表演与活动3大中心,引进高端体育休闲产业企业10多家,累计吸引总投资达2.5亿美元。推动形成了科技型体育用品制造业集聚配套发展的模式,一个以昊翔电能运动科技公司为龙头,产品涉及电动载人飞机、滑翔伞、运动地胶、皮划艇、健身跑步机的体育科技产业园已初具规模	昆山体育产业集聚区共有体育产业制造基地、体用产品研发中心、体育企业和机构等体育产业实体2000多家,涵盖体育设施建设、体育用品制造和销售、体育休闲、体育培训、体育竞赛表演等众多门类。 江阴市海澜马术创吉尼斯世界纪录,被列为中国体育旅游精品推荐项目;四方游泳设备有限公司等企业已成为国家行业标准的制定者	中华龙舟大赛,海澜马术,四方游泳设备有限公司

第二节　拓展训练

一、概念

　　拓展训练是指利用山清水秀的大自然环境、通过精心设计的项目,让学员在应对挑战、解决问题的过程中,激发员工潜能,增强团队活力、创造力和凝聚力,达到提升团队生产力的目的的活动。①

　　拓展训练(Outward Development),又称外展训练或户外拓展训练(Outward bound),原意为一艘小船驶离平静的港湾,投向未知的旅程,去迎接未来的挑战与困难。这是体验式教育的一种形式。"体验式教育"是借助于经过精心设计的特殊情境,以户外活动为主的形式,让每一个参与者进行体验,从中感悟出活动所蕴涵的理念,通过反思获得知识,从而改变行为。

二、背景与起源

1.背景

　　拓展训练起源于②第二次世界大战,当时,盟军在大西洋的船队屡遭德国纳粹潜艇的袭击。在船只被击沉后,大部分船员葬身海底,只有极少数人得以生还。英国的救生专家对生还者进行了统计和分析研究,他们惊奇地发现,这些生还者并不是他们想象中的那些年轻力壮的水手,而是意志坚定懂得互相支持的中年人。经过深入调查研究,专家们终于找到了答案:这些人之所以能活下来,关键在于这些人有良好的心理素质,往往他们结婚成家,有自己的爱人和孩子,他们的死亡会对家庭带来灾难性的打击,家庭的责任与担当激励着他们忘却自我,迸发出生存的强烈动机。于是,提出"成功并非依靠充沛的体能,而是强大的意志力"这一理念。随即在训练士兵时加入了心理生存方面的训练内容。

2.起源

　　18世纪的德国籍教育学家库尔特认为,一切知识都源于实践,经验来自于自身体验,有了亲身体验就会获得长久的记忆,甚至终身不忘。因此,他认为应该构建"从做中学"的理念为核心的教育机构,把思想和行动世界相统一,提出了新的教育模式,即连续在各种野外环境下进行的户外活动,这种活动注重的是个人的体验和感悟,在活动结束时才有分享总结的教育课程模式。库尔特提议,利用一些自然条件和人工设施,让那些年轻的海员做一些具有心理挑战的活动和项目,以训练和提高他们的心理素质。后其好友劳伦斯在1942年成立了

---

① 陈永斌.素质拓展的理论逻辑与实践创新:职业发展的视角[J].现代教育科学,2009(3):103-106.
② 刘丹,涂春华.试论素质拓展的起源发展和特点分类[J].农家参谋,2017(15):72-73.

一所阿德伯威海上训练学校,以年轻海员为训练对象,这是拓展训练最早的一个雏形。

三、国内外发展现状

1. 国外拓展训练的发展

第二次世界大战以后,在英国出现了一种叫做 Outward Bound 的培训[①],这种训练利用户外活动的形式,模拟真实管理情境,对管理者和企业家进行心理和管理两方面的培训。

由于拓展训练这种非常新颖的培训形式和良好的培训效果,很快就风靡了整个欧洲的教育培训领域并在其后的半个世纪中发展到全世界。训练对象也由最初的海员扩大到军人、学生、工商业人员等各类群体。鉴于拓展训练对人们非智力因素的良好作用,尤其是拓宽了人们在学校传统教育教学的路径,使得参训人员在性格、理念、人际关系、语言表达等方面潜力得到挖掘。拓展训练也逐渐得到了人们广泛的喜爱与拥护,训练对象由海员扩大到军人、学生、工商业人员等群体。训练目标也由单纯的体能、生存训练扩展到心理训练、人格训练、管理训练等。

1946 年,Outward Bound 信托基金会(Outward Bound Trust)在英国成立,目的是推广 Outward Bound(简称 OB)理念,并筹集资金创办新的 OB 学校。1962 年美国人乔什·曼纳在美国成立科罗拉多 OB 学校,并于次年获得基金会许可证书。将拓展训练在学校教育推广开来的是美国一所高中的校长皮赫。鉴于拓展培训中参训人员在性格、理念、人际关系、语言表达等方面培训效果突出,学员喜闻乐见,皮赫将拓展训练的方法应用于学校教育中,与现存的学校制度结合起来,为教育开辟了新的思路和领域。1974 年,外展训练实践活动的大纲出台后,得到了世人的瞩目和好评,该大纲被全美教育普及网(NDN)评选为优秀教育大纲之一。随后,在美国高中课程大纲中,一直沿用该计划的学校达到 90%。1964 年以来,OB 学校已经遍及全球五大洲,共有 40 多所分校。在亚洲地区、新加坡最早建立了 OB 学校,此后中国香港、日本、韩国先后引进这种体验式教育的课程模式。此外,国际知名人力资源培训机构如 IWNC(I Will Not Complain)就借助拓展的形式为客户提供培训等。

2. 国内拓展训练企业的发展

(1)国内拓展训练企业发展。1970 年,中国香港成立了香港外展训练学校。1994 年北京拓展训练学校成立。拓展训练以独特的培训模式和新颖的培训项目,给国内的培训领域带来了前所未有的震撼。经过短短几年的发展,培训机构犹如雨后春笋般地增长。据北京奥特世纪拓展师培训中心整理的数据显示[②],在国内比较正规且形成规模的拓展培训机构已有 328 家,而参与组织拓展训练或"类拓展训练"的机构,包括户外运动俱乐部、管理咨询公司等有千余家。

1999 年,我国拓展训练在经历了四年的发展和提高后,和学校教育在培训活动中有了

---

① 刘丹,涂春华. 试论素质拓展的起源发展和特点分类[J]. 农家参谋,2017(15):72-73.
② 孙超. 拓展训练引入初中体育与健康课程的实验研究[D]. 扬州:扬州大学,2013.

第一次亲密接触。北京大学、清华大学的 EMBA 学员也把拓展纳入课程体系之中,让学生到拓展培训公司参加拓展活动。几乎在同一时期,中欧国际工商学院、中山大学岭南学院、浙江大学、中国工商管理学院、暨南大学等学校的 MBA/EMBA 教育中,也纷纷把拓展作为指定课程内容。

(2)西安业界情况。西安市场上知名的拓展培训企业有西安卓行企业管理咨询有限公司、西安力为拓展训练公司、西安纵横拓展训练营、汇思达拓展训练、扬智拓展、西安亚森拓展训练、西安达森企业管理咨询有限公司、西安绿众户外运动有限公司、西安三方人才管理咨询有限公司、西安卓远企业管理咨询有限公司、西安乐众企业管理咨询有限公司等。上述公司的拓展基地有祥裕森林公园拓展基地、东方时空拓展基地、清心园拓展基地、户县太平峪森林公园拓展基地、临憧溪源山庄拓展基地、红河谷拓展基地、翠华山拓展基地、扬智拓展训练营、雅森拓展训练基地、秦龙温泉酒店拓展基地、祥峪祥云山庄拓展培训基地、秦岭峡谷漂流＋篙沟野外生存拓展基地、宁陕筒车湾原生态拓展基地、秦岭九龙潭拓展基地、汤峪拓展基地。

四、主要环节与特点

(一)训练环节

训练环节由5部分组成:体验—分享—交流—整合—应用,此过程周而复始,螺旋上升。"实践论"是马克思主义哲学的组成部分。拓展训练,正是以实践论为基础,拓展训练在认识论方面让参训者获取直接而震撼的收获,从而改变参训者的价值观。

(二)特点[①]

(1)投入为先。要求学员全情投入才能获得最大价值。

(2)挑战自我。拓展训练的项目都具有一定的难度,表现在心理素质的考验上,需要学员向自己的能力极限挑战,跨越"心理极限"。

(3)熔炼团队。体验团队的伟大力量,增强团队成员的责任心与参与意识,树立相互配合、相互支持的团队精神和群体合作意识。

(4)高峰体验。在克服困难,顺利完成训练项目要求以后获得。

(5)自我教育。培训师会在训练前把课程的内容、目的、要求以及必要的安全注意事项向学员讲清楚。

五、分类

(一)从空间上分

从空间上分,可将拓展分为户外拓展训练和室内培训。

---

① 刘丹,涂春华.试论素质拓展的起源发展和特点分类[J].农家参谋,2017(15):72-73.

(二)从培训形式上分

1.户外培训

在山地、田野、草原、海边、广场等户外进行的培训活动。

2.体验式培训

体验式培训是指通过个人充分参与活动获得直接认知,然后在团队成员中进行交流,提升认识。

3.行动式学习

组织学员参与解决真实、复杂而紧急的问题,并利用提问及反思相互学习,从而改变自我在相关领域里的行为表现,这种学习方式广泛应用于 MBA 课程中。

4.管理培训游戏

将管理理念寓含在特殊设计的游戏中进行训练的一种教育活动。

5.户外极限运动

最大限度地发挥自我身心潜能,向自身挑战,提升战胜自我的信心。

6.外展训练

抓住基本探索学习的概念,鼓励长期知识考察,在社区服务中学习的项目和活动。

7.其他

西安业界常见的培训项目可分为场地项目、野外项目、水上项目。

场地项目有高空独木桥、断桥、毕业墙、攀岩、空中荡木桥、电网、逃生墙、信任背摔、有轨电车、巧过网阵等。

野外项目有丛林穿越、登山、探洞、定向探宝、穿越沼泽、定向越野等。

水上项目有水幕溪降墙、抽板过河、水上梅花桩、浮桶架桥、泰坦尼克、水上单索、跨越大峡谷、水上拉练、水木囤、勇渡等等。

六、意义

1.对个人的意义

通过训练课程能够有效地拓展企业人员的潜能,提升和强化个人心理素质,帮助企业人员建立高尚的人格。帮助参训人员思考,自省,促进参训人员的心智的社会化,提升职业素养和思想水平。

2.对团队的意义

拓展训练是一套塑造团队活力、推动组织成长的训练过程。在课程里面有许多需要逆向思维、需要个人融洽地与团队合作;在培训过程中学习欣赏他人(同事)、客观评价自己、关注和爱护自己所处的企事业单位。

3.对社会健康发展的意义

拓展训练揉合了高挑战及低挑战的元素,学员从中在个人和团队的层面,都可通过危机感、领导、沟通、面对逆境和辅导的培训而得到提升。拓展训练是对人的意志和精神挖掘、凸显光芒的过程,拓展训练是体验式的学习过程,利用各种手段措施帮助参训人员达到"不排不发""有感而发"的境地。它是对正统教育的一次全面提炼和综合补充。让学员体验,面对各种不同的环境及挑战,思考学习解决问题。通过看、听、行动、体验、分享交流与总结五个步骤相结合的"立体式"培训,以小组讨论、角色模仿、团体互动、脑力激荡等方式让学员切身地感受、体会、领悟。

傅涛等在《拓展训练价值功能的探讨》中研究[1]拓展训练不同角度的功能,社会学角度功能体现在:提高个体适应社会的能力,构建和谐团队,构建和谐社会。教育学角度功能体现在:符合素质教育的需要,丰富和完善传统体育教育,拓展训练有助于教学相长,拓展训练促进智育发展。生理学角度功能体现在:拓展训练的所有项目都以体能活动为引导,无论是水上项目,还是野外生存技能训练项目或者是专门的场地课程,对参训者均有不同程度的体能要求,并且贯穿于整个训练过程中。参训者是在承受一定体能负荷的基础上,引发出认知活动、情感活动、意志活动和交往活动,训练对体能有明确的要求和规范的操作过程。心理学角度功能体现在:拓展训练有利于提高受训者心理健康水平,感受高峰体验。

七、标志性项目简介[2]

1.雷区取水[3]

项目介绍:在一个直径5m的雷区中间有一盆(杯)水,你要在仅用一根绳子,不接触雷区地面的情况下取到全体队员的救命宝物,想一想可能吗? 团队的智慧可以把它变成现实(见图4-1)。

图 4-1 雷区取水

---

① 傅涛.拓展训练价值功能的探讨[J].运动,2009(4):7-9.
② 新浪博客,拓展训练的项目、设施、体验目的、有关书籍[EB/OL].[2012]. http://blog.sina.com.cn/s/blog_73b4f1580102xs6b.html.
③ 本节图片源自西安工业大学2011级社会体育专业拓展训练实践,部分图片源自网络。

项目目的:提高队员组织、沟通和协作的能力和技巧,团队的领导艺术和技巧,人力资源的合理分配和运用,行动之前的讨论和计划对于事情的成败起重要作用,培养人处理事情良好的计划性和条理性,培养队员集体荣誉感,为团队勇于奉献的精神。

2.无敌风火轮

项目介绍:提供的只有报纸,剪刀,胶带。靠大家的智慧和团队的协作走完一段不容易的路程。团队配合默契、分工积极有效,往往才能胜出(见图4-2)。

图4-2 无敌风火轮

项目目的:使受训者认识到合理配置资源、分工配合、目标协调一致对组织的重要性。如果个人与团队目标不统一,组织系统功能无法正常发挥,每个成员明确团队目标,进行有效的沟通与合作,既利于团队发展,也利于个人发展,合作才能共赢。

3.信任背摔

项目介绍:参加实施的队员,两手反交叉握拢弯曲贴紧于胸前,两脚并拢,全身绷紧成一体;后倒时,头部内扣,身体不能弯曲,两手不得向外打开,参加保护的队员,两腿成弓步且相互抵紧,两手搭于对方肩上,掌心向上,上体和头部尽量后仰,当实施队员倒落时,全身协力将实施队员平稳接住。注意身上一切锋利、尖锐物品(眼镜、手表、戒指等)需取下妥善保存(见图4-3)。

图4-3 信任背摔

项目目的:信任环境的营造;建立换位思考的意识;通过身体接触,实现情感的沟通信任与责任。

4.空中断桥

项目介绍:距离地面约 10m 的高空有两块平台(板),两块板间距 1.2~1.4m,学员背负安全绳的情况下,独自爬上,纵身跃过 1.2~1.4m 的空隙,平稳爬下,如此全队皆过,用时最短的一队胜利。注意本方控制安全绳的队员要认真负责、身体强壮(最好是两人)(见图4-4)。

图 4-4　空中断桥

项目目的:挑战自我,在平地上大家很容易一跃而过,但是在 10m 的高空,考验的是人的勇气、果敢、眼界。往往成功与失败一步之遥,进一步顺利过关,退一步满盘皆输,自信与个人能量在此彰显。

5.孤岛求生

项目介绍:将所有队员分成 3 组,安置于 3 个已规定的岛上(珍珠岛、瞎子岛、哑巴岛),各组队员扮演各自岛上的角色,在规定的时间内,按规定完成任务(见图4-5)。

图 4-5　孤岛求生

项目目的:团队结构与沟通协作;团队的动态管理;有效沟通与协作;新角度管理的

诠释。

6.有轨电车

项目介绍:两块木板就是一双鞋子,全组队员双脚分别站在两块木板上,双手抓住系于木板上的绳子(或者扶前人肩膀),向指定的方向行进。目标清晰,口令一致,设定好大家共同的节奏,用时少者胜(见图 4-6)。

图 4-6 有轨电车

项目目的:默契配合方有节奏感,才能最快达到终点,培养团队的协调统一能力,打造团队的凝聚力。

7.鳄鱼潭

项目介绍:利用三个油桶、两块木板,所有人不得落地安全通过一个个的鳄鱼潭(见图 4-7)。

图 4-7 鳄鱼潭

项目目的:统一沟通标准,避免因标准的不统一而造成大家的混乱,延误时间,链式沟通的利弊,如何改善?如何解决?最好的方法与最有效的方法,最适合团队的办法就是最好的办法,制订行动计划时注意工作的前瞻性,正确分析资源,有效利用资源,细节管理:不论多完美的计划,如果在操作过程中不谨慎,一切就都要从新开始。

8. 风语者

项目介绍:关闭通信器材,一组两队分居两个山头,通过事先约定的"密码"用旗语成功将电报发出,必须在规定的时间内完成(见图4-8)。

图4-8　风语者

项目目的:群体决策的方法及意义,启发战略管理眼光。大胆尝试,勇于100%全力的付出。挑战未知领域,培养创新意识,合理的分工与合作,资源的优化配置,认识统一指挥的意义与重要作用,体会对于团队的领导技巧运用、与角色的合理分配。

9. 求生墙

项目①介绍:团队在没有任何器材的情况下共同努力翻越 4m 高的墙壁,此项目大都在拓展末一项,故又称毕业墙(见图4-9)。

图4-9　求生墙

项目目的:自我管理与定位、有甘为人梯的精神;团队的协作与激励;共建高效团队。

10. 生死电网

项目介绍:面对高压电网,参加者必须同心协力,尽量避免伤亡,以最小的代价换取最大

---

① 新浪博客.拓展训练的项目、设施、体验目的、有关书籍[EB/OL].[2013-7-19].http://blog.sina.com.cn/s/blog_73b4f1580102xs6b.html.

的胜利(见图4-10)。

图4-10 生死电网

培训目标:改变沟通方式,如何理解、倾听他人,如何让他人更能接受,如何分配合理的资源,资源的浪费与团队目标的关系;个人的利益与整个团队的利益关系将直接决定目标的达成。此培训项目强调整体协作与配合,资源的重要,好胜与莽撞都将遭遇淘汰,只有依靠团队的力量才能顺利完成任务。

11.极速前进

项目介绍:一支探险小分队,排头能见不能语,后面的人能语但是看不见,必须良好沟通才能在规定的时间完成任务(见图4-11)。

图4-11 极速前进

培训目标:认识有效有序的沟通对团队的重要性;学会倾听,学习在困难和挑战面前保持清醒和冷静的头脑;改善沟通技巧,学习运用多种沟通方式交流;在实际工作中,往往看到管理人员知晓的困难,难免议论谣言四起,该项目对此类事有积极的启迪效果。

第三节 健身房锻炼人群特点

在21世纪初我国健身业的发展缓慢,健身群体的数量增长缓慢。随着北京奥运会申办成功,人民生活水平的提高,人们的健身意识加强,2008年以后健身开始走进人们的日常生活,健身项目由"贵族化"转向"平民化"。

一、健身、健身俱乐部的由来

"健身"这一概念得以推广与普及,得益于法国人埃德蒙·德尼罗,德尼罗撰写了许多与健身有关的文章,配上图片,将健身概念在全欧洲推广。德尼罗在这个过程中收获颇丰,鼎盛时期他在欧洲拥有超过 200 个健身中心,其时去健身房成了欧洲上流社会的一个时髦选择,很多早期著名的健美明星都受益于德尼罗的理念。贝尔纳·麦克菲登是美国健身界先驱者之一,不仅发明了最早的夹胸机,创办了世界上最早的健美杂志之一《体育》,还于 1903年组织健美大赛,打造出健美界的标志人物查理阿特斯(Charles Atlas)。其后的 30 年间有3 500 万读者读过他出版的书刊,麦克菲登本人也成为了千万富豪。德尼罗和麦克菲登推动了健身产业蓬勃发展,从此之后,通过运动保持良好的身材日益成为人们的共识。健美塑身的理念影响了很多人。

达德利·萨金特是哈佛大学海明威体育馆的掌门人,他不懈地将德国体操和瑞典体操的内容教给美国人。他在 1902 年率先创造了男子身体机能测试这一概念,一针见血地指出不好好锻炼身体的结果是:变胖、变丑、变笨。纵观欧美,尽管此时已经涌现了不少体育理论,但不管是"体操"或者"健身"这样的概念并没有发展成熟,人们锻炼身体更多的还是处于非常现实的考虑,比如一些实用的运动技巧和力量训练等。

二、健身房锻炼人群年龄特点

据北京地区健身房调查结果表明,到健身场所进行健身的,以 30 岁(±10 岁)这个年龄阶段为主,占了健身人群近九成。与我国体育人口的倒 U 型形成互补。

三、健身房锻炼人群目的

1. 以增肌、塑造身材为目的

根据调查,目前去健身房健身一族,以增肌、塑造身材为目的的占 38.2%。

2. 消遣娱乐、调节情绪为目的

就业和职业压力大,很多人利用下班和空闲的时间泡在健身房里释放压力找回自我。还有一些健身者还将商务消费"搬"进了健身房,"请吃饭不如请出汗"就是时尚的健身房商务消费的体现。

在会员加入健身机构之前,健身机构都会有会籍顾问为健身客户做尽可能详尽的介绍,包括他们提供的健身项目,其用途、设置目的,如何与健身个体的结合,有关于健康、饮食、营养方面等的建议。这促进了健身群体对于健身概念及内涵的了解。

3. 以"社交"为目的

据北京地区健身房调查有 5%单纯以社交为目的的,占健身目的的比例很少。

四、健身房锻炼人群选择的运动项目

锻炼人群感兴趣的健身项目主要集中在动感单车、器械、有氧健身操、瑜珈等常规的项目。近半数的人认为器械太少,此外教练不够专业,体操项目太少、单一,服务水平差、器械太单一、陈旧、性别失调等是会员不满意地方的主要表现。

五、健身房锻炼人群选择私教特点

(1)私人教练教育背景以及从业资格(有相关的证书),有丰富的经验。

(2)私教的外在体形。认为私教的体形代表了教练能力,也代表着健身者自己未来的健身效果自信。

(3)扎实的专业知识。私教要知道做哪一个动作,练的是哪一块肌肉。锻炼时如何呼吸,摄入哪些营养与合理补水等。

(4)其他。如私教的沟通能力、服务意识等。

六、健身房经营管理者特点

体育产业的从业人员,应该是识体育、懂法律、会管理的复合型应用型人才。企业经济效益的高低关键在于经营者,因此,既懂技术、懂业务,又懂法律、懂经营管理的高级人才往往是各家俱乐部争相抢聘的对象。

据 2017 年北京地区健身房调查,经营者有的是半路出家,缺少相关的健身及专业知识,有的是体育专业人才,但缺乏经济、法律等方面的知识。由于经营管理者业务素质不高,健身场馆经营手段比较落后。调查结果显示 20 家里面有 3 家场所收入持平,处于亏损和赢利状态的场所各有 42.5%。尤其是一些私营者,完全是自主经营,自负盈亏,面对各种税收和沉重的场租负担,投资信心已经动摇。

我国营业性健身房的服务项目设置了[①]器械健身健美、集体健身、形体健美和休闲等项目,运动康复保健项目未被任何的营业性健身房设置;能给学员的锻炼效果有促进作用的浴室或桑拿和放松或按摩项目也只有少数营业性健身房开设。在一年中,学员报名旺季是在 6 月~8 月,报名淡季是 12 月~次年 2 月。要做到旺季更旺,淡季不淡,就应根据各健身房所处地域、季节、学员文化素质等情况,利用多样灵活的的促销手段,抓住时机促销。

本章小节

体育产业的分类、概念与体育产业化是本章的重点,我国新建的国家级体育产业基地将对我国的体育产业发展产生一定的影响;我国拓展训练市场目前竞争较为激烈,理解掌握拓展机构常见的项目有助于社会体育指导与管理专业毕业生更好地就业。

---

① 田里,马晓云.营业性健身房经营与促销问题的研究[J].北京体育大学学报,2003(2):164-165.

本章习题

1. 试述体育产业化的意义与任务。

2. 我国体育产业的概念是什么？

3. 拓展训练的一般流程是什么？常见项目有哪些？

4. 体育产业在我国是如何分类的？

5. 健身房锻炼人群目的有哪些？他们选择私教的特点是什么？

第五章　终身体育与不同人群体育

内容提要

　　从余暇时间切入,讲述娱乐体育的特点,终身体育的概念、特点,人群体育按年龄分开,分别对婴幼儿体育、青壮年体育、中年人体育、老年人体育的概念与要求进行系统阐述,最后讲述特殊人群体育的概念与要求。

【本章重点】

(1)终身体育的概念。

(2)娱乐体育的概念、特点与分类。

(3)老年人、中年人体育的概念、要求。

(4)残疾人体育的要求。

【本章难点】

残疾人体育的分类与要求。

【教学方法与手段】

讲授、提问、讨论、自学、多媒体课件演示。

第一节　终身体育的概念

一、终身体育概念

　　终身体育是指一个人在一生中进行身体锻炼和接受各种体育教育的活动。终身体育与终生体育的区别见表 5-1 。

表 5-1　终身体育与终生体育的区别

	终身体育	终生体育
字面解释(特征)	身体上下,内外的体育锻炼	人的一生的体育锻炼
维度	时空维度	时间维度
研究对象	身心具备,内外兼修活动中的人	一生中进行体育锻炼的人

二、终身体育与国际终身教育思潮的关系

1960 年在加拿大的蒙特利尔召开的"国际成人教育会议"上就提出了有关"终身教育"的问题。"终身教育"这一术语自 1965 年在联合国教科文组织主持召开的成人教育促进国际会议期间,由联合国教科文组织成人教育局局长法国的保罗·朗格朗(Parl Lengrand)正式提出,体育作为教育的组成部分随终身教育顺势分娩自不待言。保尔·朗格朗认为:"必须抛弃那种认为体育只是在一生的一个短暂的时期内进行的观点"。"应当更好地使体育和整个终身教育结合起来,把它从单纯的肌肉作用、与文化隔离的状态中解放出来,把它与智力的、道德的、艺术的、社交的和公民的生活等更紧密地结合起来"。在我国 20 世纪 80 年代,终身体育伴随中国改革和发展正式诞生,终身体育的内涵与外延随时空延伸而不断拓展。2008 年北京奥运会后,伴随全面建设小康社会,终身体育的理念载体——健康中国日益深入人心。

三、终身体育的特征

1. 延续性

婴幼儿—青少年—中老年。

2. 生活性

健身、娱乐、医疗、防卫——提高健康水平,丰富余暇生活。

3. 多样性

终身体育是实现人的现代化的有效途径和手段。

其中人的现代化包含:

(1)知识文化。

(2)思维方式。

(3)价值观念。

(4)行为特点。

(5)情感方式。

四、实现途径

实现终身体育主要途径有家庭教育、学校教育、社会(区)教育。首先,要明确三者。三

者密不可分,相互联系,紧密衔接。三者的最终目的是要促进人的身心健康发展,丰富文化生活,沟通与融洽人际关系,提高生活质量,并使之贯穿于人的一生。《中共中央、国务院关于深化教育改革全面推进素质教育的决定》和《全民健身计划纲要》的实施,正是终身体育的阶段目标和长远目标的统一。其次,改革学校体育教学,推动体育社会化进程。第三,发展社区体育,实现家庭体育、学校体育和社会体育一体化。有学者提出建立"学区体育"。学区体育是指以学校为中心划分区域范围,以学校为主要活动场所,以居民为对象(包括学生),通过有效地利用学校的体育资源来开展社区体育活动。

实现终身体育需要各人群的参与,不同人群体育按照年龄、残疾与否可以分为婴幼儿体育、青壮年体育、中年人体育、老年人体育、残疾人体育等。

第二节　闲暇生活方式与娱乐体育

一、闲暇生活方式

(一)生活方式的分类

生活方式有多种分类方法。

按不同领域,可分为闲暇生活方式、政治生活方式、宗教生活方式。

按不同地域,可分为社区生活方式、自然村落生活方式。

按自我判断感受,可分为奋斗上进生活方式、安然度日生活方式、享受消遣生活方式。

按态度积极与否,可分为乐观积极生活方式、悲观消极生活方式。

按主要经济形式,可分为自然经济生活方式、商品经济生活方式。

(二)闲暇生活方式的特点

1. 闲暇活动的性质

闲暇活动应提倡有利于身体健康、社会进步的项目,自觉抵制一些与公序良德相悖的东西。坚决抵制赌博、赌球等活动。

2. 闲暇活动的内容

闲暇活动的内容多样、丰富,包括各种益智的棋牌类、运动量较小或适宜的有氧运动等。

(三)小康生活标志

在我国,闲暇生活与小康社会是紧密联系的,我国全面实现小康社会是闲暇生活质量提升的重要条件。

全面建设小康社会的基本标准包括了以下 10 方面内容[①]:①人均国内生产总值超过

---

① 作者不详.全面建设小康社会的十项基本标准[J].青海学刊,2003(3):137.

3 000美元,这是建成全面小康社会的根本标志;②城镇居民人均可支配收入1.8万元;③农村居民家庭人均纯收入 8 000 元;④恩格尔系数低于 40％;⑤城镇人均住房建筑面积 30m²;⑥城镇化率达到 50％;⑦居民家庭计算机普及率 20％;⑧大学入学率 20％;⑨每千人医生数 2.8 人;⑩城镇居民最低生活保障率 95％以上。

一、娱乐体育

(一)娱乐体育、消遣的概念与性质

娱乐体育,是指为了丰富文化生活,调节精神,度过余暇而进行的体育活动,其根本目的在于消遣、娱乐、放松、获得积极性休息,陶冶情感,以健康、高尚、文明、科学的方式度过余暇时间。

消遣,即消闲、休闲、余暇、娱乐,是和工作相对的概念。从古到今,随着工作、消遣和娱乐的社会意义和作用不断变化,消遣和娱乐也在不断被赋予新的含义。

在国外,最早把工作和消遣分离起源于古代希腊,希腊人认为"工作是为了获得生活必需品而采取的手段,消遣的价值是在于人们获得现实生活中的永恒真理。"进入现代,西方工业发达国家产生了不少有关游戏、娱乐、消遣的理论,从不同角度阐述了它们的概念和性质。

20 世纪 70 年代初《消遣宪章》中欧洲娱乐委员会认为:消遣时间是指个人完成工作和满足生活要求后,完全由他本人自己支配的一段时间。这段时间的使用是极其重要的,消遣和娱乐为补偿当代生活方式中人们的许多要求创造了条件,更为重要的是,它通过身体放松、竞技、欣赏艺术,科学活动和回到大自然,为丰富生活提供了可能性。无论在城市和农村,消遣都是重要的,消遣为人们提供了激发基本才能的变化条件,消遣时间是一种自由的时间,但在这个时间里人们能掌握作为人和作为社会的有意义的成员的价值。

(二)消遣、娱乐与教育、体育运动

1.教育与消遣

教育与消遣是两种目的、内容、组织形式各方面性质都迥然不同的社会现象,但它们在产生之初曾有紧密的联系。在人类社会的发展过程中,教育和消遣逐渐分离,而且教育发展很快,成为凌驾于消遣之上的高级社会活动,而在很长的历史时间里人们对消遣娱乐存有偏见。

2.体育运动与消遣娱乐

体育运动与消遣娱乐互有区别又互相渗透。人类的许多体育项目产生与劳动、军事、娱乐活动和生活实际有关。娱乐体育与体育锻炼的相同点在于,它们都是实现社会体育目的的重要途径,也都是人们参与社会体育的重要方式。不同点在于,娱乐体育与体育锻炼出发点不同,即参与目的存在差异。体育锻炼的主要目的在于健身,强调活动的科学性,可以进行定量控制,如按照运动处方进行定量的体育活动。娱乐体育的主要目的是由意健心,强调活动的娱乐、消遣与享乐性,不作定量控制(难作控制)。

(三)娱乐体育的特点

1.主体性

人们选择娱乐体育活动的方式是根据自身的兴趣、爱好、身心条件、经济水平而定的,所以娱乐体育充分体现了人的主体性,蕴含着丰富的人文特质。

2.内容多样性

根据不同的活动空间可以分为3种类型:陆地体育娱乐、水域体育娱乐、空中体育娱乐。

3.自由性

娱乐体育以身心为主要目的,具有较强的生活情趣,它不受制于场地、器材、规则的限制,适合各个阶层的人参与,因而不同性别、年龄、学业、职业的人,都能找到适合于自己的娱乐体育活动方式。

4.创新性

娱乐体育是多变的,灵活的,因此娱乐体育往往表现出更高的创新性质。一方面表现在它的活动内容、方法、经历的过程和寻求的结果不断在创新;另一方面,在娱乐体育活动中人们要注入大量的智力、情感等方面的因素,往往更能激活人的创新性,因此它对青少年的发展至关重要。

5.自然性

娱乐体育是人们回归自然的大好机会,在娱乐体育中,人们向自然探秘的本能欲望,与自然融合的绿色需求可得以满足。

(四)娱乐体育的内容

按参加者在活动时的身体状态可分为以下三大类:

1.观赏性活动

主要指以观赏现场比赛、比赛视频等形式参与娱乐体育,在观赏中与自己钟爱的选手或球队同呼吸共命运,观赛是人们调节心理,宣泄不良社会情绪的重要方法。

2.相对安静的活动

如垂钓、棋牌活动、用纸和笔进行的活动、桌上游戏,以及饲养各种小动物的活动。

3.运动性的活动

这是娱乐体育的主体,可分为以下几类[1]:

(1)舞蹈,包括广场舞、街舞、舞龙、舞狮、扭秧歌、舞竹篙火龙、九狮拜象等。

(2)旅行,包括郊游、登山等。

---

[1] 吴玉华.利用客家体育资源,构建娱乐体育教学体系[J].教育探索,2007(12):59-60.

（3）运动,如跑酷、跳绳接力跑、集体跳民绳、夹沙包障碍跳接力、打水漂比赛、射准比赛、游戏竞争类活动等。

（4）自然类,如探险、漂流等。

（5）水上、冰雪类,如龙舟竞赛、水中竞速、水中滑行、划木筏比赛、滑雪、滑冰等。

（6）武术角力类,如推人出圈、推拉比赛、太极推手、看谁划得圆、扳手腕、抵肩角力、抄杠等。

（7）游戏类。内容有原地踢毽子比赛、踢毽子接力等。

（五）娱乐体育的分类

娱乐体育的分类方法较多。

1. 按参加人数分

按参加人数可分为个人的、双人的、三人的、六人的等。

2. 按活动环境分

按活动环境可分为室内的(沙狐球、斯洛克等)、户外的(水陆空,如放风筝等)。

3. 按竞赛成分分

按竞赛成分的多少,可分为竞赛的(如三大球、三小球等)、非竞赛的(如攀岩、漂流、水中浮潜、蹦极、潜水、水中健美操等)。

4. 按活动性质分

按活动性质不同,可分为养生性的、医疗性的、健身性的、娱乐性的、冒险性的。

5. 按活动的基本特征分

按活动的基本特征可分为重心类(如过山车、荡秋千、旋转木马等)、命中类(如射靶、投篮、保龄球、台球、康乐球、高尔夫球等)、节奏类(如健美操、街舞、健身操等)、格斗类(如散打、拳击、跆拳道、防身术等)、滑行类(如滑冰、滑水、滑沙、滑草、滑沼泽、冲浪、帆板、溜旱冰、滑轮板、滑雪、雪橇等)、攀爬类(如登山、攀岩、攀登瀑布等)。

（六）参加娱乐体育活动应注意的事项

1. 遵守法律,服从管理

娱乐体育活动中的许多项目是带有公共性的,参加这类活动必须遵守相关的法律,服从有关部门的管理,才能保护公共利益,也保护自身的安全。

2. 讲究卫生,注意环保

在室外进行的各种活动中,一定要注意自然环境的保护,不要乱丢弃废物。还要保护动物植物,不能偷猎、偷捕、偷钓,不准野炊的地方不得生活烧柴。

3. 量力而行,注意安全

有些娱乐体育项目具有一定的危险性,参加者一定不要贸然侥幸行事,更不要互相攀比。经常参加特殊类娱乐体育活动的人要定期做身体检查,在获得医生许可后方能参加航空、航海、登山、探险等活动。活动中掌握时间与强度是十分重要的,一定要适可而止。

4.掌握必要的知识、技术和技能

娱乐体育虽然有较强烈的游戏性质,但也要掌握一定的知识、技术与技能。在活动时应接受社会体育指导员的指导,遵守活动规则,按照项目的技术要求来完成动作。

5.注意避免娱乐陷阱

娱乐体育是一种积极向上的活动,但是长期沉溺其中,则会走向消极。娱乐体育方法的选择要遵循一定的原则,同时在参加娱乐体育活动过程中,要注意安全,防止落入娱乐陷阱,在正确的思想指导下,健康地开展消遣娱乐活动,推动我国社会主义精神文明的建设。

第三节　婴幼儿、青壮年与中年人体育

不同人群体育可以分为婴幼儿体育、青壮年体育、中年人体育、老年人体育、残疾人体育等等。按照年龄,可以把人的一生分为几个阶段(见表5-2)。下面分别讲述其中重要阶段体育特点与要求。

表 5-2　人的一生按年龄划分的阶段

年龄	0～3 岁	3～6 岁	6～12 岁	12～16 岁	16～25 岁	25～40 岁	40～60 岁	60 岁以上
名称	婴儿期	幼儿期	儿童期	少年期	青年期	壮年期	中年期	老年期
其中:0～1 岁为乳儿期,60～69 岁为低龄老年人,70～79 岁为中年老年人,80 岁以上为高龄老年人								

一、婴幼儿体育(0～6 岁)

这是指对出生 1 个月至学龄前的婴幼儿进行的身体锻炼活动。目的是促进身体正常发育、机能协调发展和身心和谐,培养参加体育活动的兴趣,发展基本活动能力。对活动场地、服装、设备、器材和项目等的安排要以安全、卫生为原则;合理掌握活动的生理负荷,一般以中等强度的有氧代谢为主;教法手段要生动活泼、有趣、多样化,活动组织游戏化。

(一)特征

该年龄段特征主要有:0～1 岁,躺卧、爬。1～2 岁,走、跑。2～3 岁,跑、跳。3～6 岁,可以学习较复杂的动作。

(二)要求

(1)全面发展身体。上下肢对称练习,全身协调用力练习等。

(2)运动负荷要适量。防脱臼、防变形,避免过多屏气动作。

(3)内容和方法要多样化。被动性、诱导性、模仿性、实用性,例如:30s幼儿体育课。

(4)安全第一。注意安全,与生活规律密切配合,例如:防止受伤,睡眠充足。

二、青壮年体育(16～40岁)

少儿体育(6～16岁)人群大多是义务教育和中等教育阶段的学生,学校体育是该阶段学生的重要学习内容,在此不再赘述。

(一)特点

青壮年生理和心理均达到人生的峰值,其中生理指标,如肌肉、骨骼、肺活量、血压、运动素质趋于稳定。心理指标,如知、情、意,个性亦从易变趋于稳定,从青涩走向成熟。例如:挑剔别人,夸大自我,挑战自我等。

(二)要求

(1)从自身实际出发。

(2)坚持长期性。

(3)培养心理健康,建立健康生活方式。

三、中年人体育(40～60岁)

中年人人过半百,体质下降,易出现"胸闷""气短"现象。中年人在女性处于46～55岁阶段,男性处于56～65岁阶段易出现更年期综合症,内分泌紊乱,表现为易躁、易怒。

(一)特点

(1)钙吸收、负增长。

(2)血管硬化,细胞壁成分变化。

(3)肺总量减少。

(4)心理日趋成熟。

(二)要求

(1)明确体育活动的作用和目的(前)。

(2)持之以恒,养成良好锻炼习惯(中)。

(3)循序渐进,控制运动量(中)。

(4)及时进行锻炼效果的评价(后)。

(三)中年人体育健身现状调查的案例

苗志刚等对赤峰市红山区中年人体育健身现状的调查发现[①]:红山区中年人参与体育健身活动动机以强身健体为目的的占约1/3,以减肥为目的的占1/5,以宣泄、放松、缓解压力为目的的紧随其后。以跑步、散步为主要健身形式的居第一,占抽样总体的2/5。其主要

---

① 苗志刚,李俊杰,田晓春.中年人群体育行为及体育心理研究——赤峰市红山区中年人体育健身现状的调查与分析[J].赤峰学院学报:自然科学版,2012,28(4):145-149.

原因是跑步和散步项目不受场地和环境的限制,易于控制运动强度,也是最简便易行的运动方式。选择健美运动的占 13.8%,居第二位。苗志刚发现红山区中年人首选的体育健身场所是街道、公园和社区周围,在这 3 个场所健身的人占 3/5;在单位场馆和学校健身的占1/5;其次是健身房和其他收费场所。红山区中年人喜欢小强度运动的占 56.5%。

赤峰市红山区中年人体育健身现状调查主要结论有以下几点:

(1)红山区中年人的体育健身知识相对较贫乏。有 1/3 以上的中年人不能够很好地制订健身计划与策略,体育锻炼的盲目性较大。需要专业的规划与指导,这对社会体育指导员群体而言是动力也是压力。

(2)中年人参加体育锻炼的主要价值取向是为了获得运动愉快感和心理上的满足,宣泄、缓解工作压力,人际交往,调节情绪。

(3)中年人健身活动的主要场所有街道、公园和社区周围,其参与体育锻炼的内容多为一般性群众体育项目,以自发性参与为主。大部分中年人仍以跑步、散步、登山、扭秧歌等作为健身活动的主要项目。

(4)社区为居民配备的体育设施和健身器材的利用率较低,健身器械陈旧,对健身者缺少吸引力。反映出该人群社会体育活动条件有待提高,社会体育发展处于成长阶段。

第四节 老年人体育

按世界卫生组织的标准,60 岁以上老年人达到人口总数的 10%或 65 岁以上老年人达到 7%,称为人口老化[1](即社会老龄化)。

社会老龄化是指老年人口在总人口中的比重增大的一种现象,是社会发展进步的必然结果和当今多数国家面临的社会问题。随着社会的进步,人类出生率和死亡率降低,平均寿命延长,老年人口比例逐渐增加。

1866 年,法国 65 岁以上老年人口占总人口 7.2%,首先进入老龄化社会。19 世纪末,挪威、瑞典也相继跨入老年型行列;到 20 世纪中叶,世界发达国家相继人口老化。1991 年全世界人口 53.8 亿,平均寿命 65 岁,发达地区 65 岁以上老年人口比例达 12%,西欧、北美和大洋洲都已进入老龄化社会;而发展中国家刚从年轻型进入成年型,65 岁以上老年人口仅占 4%,但这些地区人口老化速度随着现代化的进展而加快。预计 2010 年,全球 65 岁以上老年人将占总人口的 7.3%,即全球进入老年型社会。

发达国家老龄化进程长达几十年至 100 多年,如法国用了 115 年,瑞士用了 85 年,英国用了 80 年,美国用了 60 年,而我国只用了 18 年(1981—1999 年)就进入了老龄化社会,而且老龄化的速度还在加快。

---

[1] 陈彬. 我国人口老龄化趋势及其影响[EB/OL]. [2016-1-22]. http://www.sic.gov.cn/News/455/5900.htm.

我国从 1999 年 10 月已进入老龄社会,当时 60 岁以上的老龄人口已超过 1.26 亿,占人口总数的 10% 以上。2014 年,我国 60 岁及以上老年人口达到 2.12 亿,占总人口的 15.5%,这个规模跟现在的欧洲三大国(德国、法国、英国)的人口总量是相当的。到 21 世纪中叶的时候,我们国家 60 岁及以上老年人口可能达到 4.5~4.7 亿。

一、老年人生理特点[①]

(一)身体外表和各级机能衰退

细胞组织弹性降低:①肌肉弹性、韧性降低;②血管老化、血压上升;③肺泡功能下降、肺活量降低。

进入老年期,人体在生理上、生化上、组织和形态等方面都出现退行性的变化,老年人各器官系统的储备能力减少,适应能力减弱,抵抗能力降低。

1. 老年人运动系统的特点

随着年龄、生活条件、健康状况的变化,全身骨的理化特性均随之改变。据有关资料介绍,25 岁以上的人,骨质中钙的排出增加,骨质开始疏松,以年龄顺序来说,60 岁以上的男性骨质疏松的达 10%,女性达 40%,65 岁以上男性 21%,女性 66%,80 岁以上的老人几乎都有骨质疏松情况,这就是老年性骨质疏松。由于老年骨质疏松,弹性与韧性也有不同程度的减弱,影响了骨的坚实程度,产生老年性压缩性骨折或产生老年性驼背。因此老年人在可能的情况下一方面要适当注意营养,另一方面还应进行户外活动,促进筋骨强壮,以预防骨质疏松带来的危害。进入老年期后,体力总是由强到弱,显出"年迈体弱,力不从心"。骨骼肌发生老化是其重要原因:①骨骼肌的总重量占体重的比例逐渐减小,30 岁男子肌肉的总重量占体重的 43%,而老年人仅占体重的 25%;②肌肉的特性有改变,肌细胞瘦小,伸展性与弹性减低,对刺激的应激能力、兴奋性与传导性都减弱,肌肉耗氧量减少,收缩力减低,容易产生疲劳。据资料介绍 70~80 岁的老年人肌力下降 50%;老年人这种体力上的衰退现象和其他器官的衰退一样,如果能经常从事体力劳动或参加身体锻炼,可以延缓体力衰退。

老年人生理机能的自然衰老,引起全身骨质渐渐疏松,骨脆性增大,表现为关节、韧带的灵活性、弹性更差,肌力减低,步态沉重,行动迟缓。同时,大脑的中枢运动神经系统的传导速度和四肢应激反射能力缓慢,以致反应迟钝、肢体共济协调不灵敏、运动平衡能力降低。这就使得老年人骨折发病率大大提高。

2. 老年人心血管系统的特点

血管老化在老年人的机体中的影响是相当重要的。世界卫生组织的一篇文章中说:"心血管疾病正在成为全世界的健康问题,在发达国家中,有工作能力的人的寿命之延长,主要在于防止与控制心脏与脑动脉粥样硬化的发展及其并发症"。老年人心脏排出的血量随着

---

① 朱元利,苟波,吴长龄. 全民健身活动指导:健身理论指导篇[M].西安:陕西科学技术出版社,2011.

年龄的增加而减少,一般每年平均下降 1%,60 岁以上的老人比 20 岁的青年减少 30%～40%,40 岁以上人的冠状动脉血流量可较青年减少 35% 左右。血压随着年龄的增大、血管的硬化而有所增加,尤其是收缩压增高比较明显,因而有"人与血管同老化"之说,注意坚持每天的适度运动是延缓血管老化的良策。

3.老年人的脑和神经系统的特点

脑是人体的指挥中心,老年人的脑有其独特之处,多数研究人员认为老年人的神经组织的退化性变化不明显,但有人发现老年人的脑神经细胞随着年龄的增加减少 10%～17%。甚至,有些部分可减少 25%～30%。也有人认为一般老人的大脑重量比 20 岁时减少 6.6%～11%。大脑皮层表面面积比年轻时减少 10%。老年人的精神活动能力的改变,特别表现于脑力劳动能力降低,需要从事较慢节律的活动和较轻的工作负荷。老年人较易疲劳,睡眠欠佳,记忆力减退,特别是"立即记忆"和"近事记忆"的能力显得更差。随着脑的变化,老年人的整个神经系统也有萎缩老化的情况。

4.老年人的呼吸功能和消化功能的特点[①]

肺是人体进行气体交换的场所。进入老年以后,肺组织弹性降低,肺泡扩大,胸廓前后径增大,胸廓活动受限,以致肺总容量和肺活量减少,有人发现 80 岁时的最大换气量只有 20岁时的 50%。在消化功能方面,胃肠道黏膜萎缩,各种消化酶分泌减少,60 岁以上老年人约 1/3 胃酸偏低或无胃酸,就导致了消化功能的明显减弱,再加牙齿脱落较多,增加了消化上的困难,所以老年人容易出现消化不良、便秘等毛病。

(二)感官功能、协调功能衰退

伴随年龄的增长,老年人感官功能、协调功能衰退,表现为记忆、注意、观察衰弱等,部分老年人因为身体疾病,记忆、注意、观察等能力甚至消失。但部分身体健康的老人智能并不随年龄增长而消退,原因是人生丰富经验的补充保证着智能暂不减退。

二、老年人心理特点

1.老年人的认知功能变化

步入老年之后,视、听觉敏锐度逐渐下降,运动灵活性及速度也出现明显的减退,因而学习速度明显变缓,易出现焦虑情绪。由于注意分配不足,对于信息的编码精细程度及深度均下降,老年人的记忆易出现干扰或抑制。尤其是在信息的主动提取方面,老年人的记忆障碍表现得尤为明显,甚至有时会出现错构与虚构的情况。这些都会影响老年人的日常生活,给他们造成一定的心理困扰,出现挫折感或失败感。

2.老年人的智力变化

流体和晶体智力理论提出要区别对待智力结构的不同成分,因为老年化过程中智力减

---

① 朱元利,苟波,吴长龄.全民健身活动指导:健身理论指导篇[M].西安:陕西科学技术出版社,2011.

退是部分片面的,他们在实际生活中解决问题的能力依旧很强,甚至在某些问题上水平超过中青年人。这是由于现实生活中解决问题不都是智力成分,而是包含社会经验等非智力因素的综合分析及敏锐判断。坚持用脑有利于在老年期保持较好的智力水平和社会功能,而且活动锻炼对智力也有明显的促进作用。

3.老年人的动机与需要

老年人普遍对养老保障、患病就医、社会治安以及合法权益受侵等问题表示极大的关注。生活条件的不断改善,全面建设小康社会过程中,对老年人是一种福利,老年人希望从家庭和社会获得更多精神上的关怀。尽管老年人已经从岗位上退下来,甚至是从重要的领导岗位上退下来,但他们对于尊重的需要并未减退,要求社会能承认他们的价值,维护他们的尊严,尊重他们的人格,在家庭生活中也要具有一定的自主权,过自信、自主、自立的养老生活。为使自己的价值在生活中得到充分体现,老年期还有一定程度自我实现的需要,比如开设个人画展、书法展、出书等等。

栾文敬[①]对我国老年人心理健康自评及其影响因素研究发现,经济保障对老年人存在影响。老年人心理健康随着年龄的增长逐步变好,城镇老人的心理健康状况要好于农村老人,而在高龄老年人中,城镇和农村老年人心理健康状况差异并不显著。家庭关系对老年人的心理健康状况有积极作用,老年人退休后收入多,心态较好。社会保障变量对不同年龄段老年人心理健康状况影响差异显著,高龄老年人无法充分利用经济保障,经济保障对其心理健康的影响作用有限,经济保障对老年人心理健康存在局限性。

4.老年人的情感特点

情绪与情感是人对客观事物的态度体验,有积极与消极之分。老年人积极的情绪情感包括愉快感、自主感、自尊感等;而常发生的消极情绪包括紧张害怕、孤独寂寞感、无用失落感以及抑郁等。

5.老年人的个性变化[②]

在老年化过程中,人格仍保持较高的稳定性和连续性,改变相对较小,而且主要表现为开放经验与外向人格特质的降低。相对来说,个性的变化受出生时代的影响及社会文化因素的影响更大一些。一些人格的显著改变,如偏执、多疑、幼稚化、强迫等,则往往与病理生理过程有密切的关联。

现代社会经济文化的高速发展,老年人晚年生活的条件越来越好。在现代社会中,只要老年人保持乐观的情绪,强化良好的个性品质,进行适当的体育锻炼,生活有节,不断吸收新知识,跟上时代的脚步,就有望健康长久。

---

① 栾文敬.我国老年人心理健康自评及其影响因素研究[J].西北大学学报:哲学社会科学版,2012,42(5):75-83.
② 刘碧英.老年人心理特点与心理保健[J].中国临床心理学杂志,2005(3):372-374.

三、老年期常见的心理问题

随着年龄的增长，老年人的心理衰老。表现在两方面，一方面是心理障碍，如抑郁症、焦虑症等，另一方面是精神障碍，如分裂症、痴呆等。影响老年心理健康的因素很多，包括生理的、心理的、社会文化的、生活事件及环境的变迁等等，如果不能很好地调整自己的心态，就会产生较大的心理压力。老年期常见的心理问题有以下几种。

(一)对衰老的疑虑感和恐惧感

1.疑虑感

看到别人的脸色与前一阶段有所不同，就以为跟自己有关；见到别人围在一起交谈，就以为这些人是在议论自己；听到别人在高声说笑，就以为别人是故意刺激自己；甚至对老伴的一言一行、一举一动和社会交往都疑虑重重。在这种心理状态的支配下，往往与周围人的关系搞不好，与邻居不和，同老伴产生矛盾。疑神疑鬼，越怀疑精神状态越差。

2.老朽感及病亡恐惧感

老年人对自身的衰老有敏感的体验。人老了，各种生理功能衰退，心理能力也随之下降，有的老人甚至失去生活自理能力，产生老朽感。老熟人或朋友的相继去世，使他有濒死感和心灰意冷等，不仅可能引发自身的行为问题，也给家庭及社会带来压力。

(二)角色变更后的失落感

离退休的现实使老年人的主导活动、社会关系、生活环境较之以前发生了显著变化，这种社会角色的改变不仅意味着失掉了某些权力，更为重要的是失去了原来所担任的角色的那种情感，放弃了几十年业已形成习惯的那种行为模式。如果子女、社会对他(她)关心不够，过去那种"热情氛围"没有了，一种被冷落的心理感受便会油然而生，角色变化越大，失落感就越明显。表现为坐卧不安，手足无措，生活失去规律，情绪失控，爱发脾气。联想过去频繁的应酬，越对今日"门庭冷落"的境遇感到忿忿不平。

(三)出现离群感和孤独感

老年人从工作岗位上退下来后，远离社会生活，有的与子女分开单独过，身边没有亲人，若子女在约定时节未能回来探亲，常引起极度的沮丧和空虚感；特别是老伴去世甚至老年丧子的老人，生活中留下空缺，对日常生活感到无从下手，有孤独、压抑、有事无人诉说之感，有的人会变得沉默寡言，性格上发生重大改变，易引起各种心理压力；有的老人与亲朋好友来往频率降低，就会有离群感和孤独感，老年人不喜欢孤独的生活，对孤独感到恐惧和害怕。

(四)产生抑郁感和自卑感

老年人离退休在家，自认为社会价值得不到体现，往往易对周围一切产生抵触情绪。如果遇到家庭不和睦，与子女关系紧张会常常生气；如果遇到家庭纠纷，子女在就业、婚姻、升学等方面有困难，或由于身体渐渐欠佳，疾病缠身，便会感到不顺心，产生抑郁情绪。当老年人具有丰富的知识与经验,却觉得无从发挥、无用武之地时,冷漠、空虚、寂寞之感就会袭上心头,自卑感也会油然而生。

(五)城区与农村老年人心理健康状况的比较①

佘秀英、巫建平通过城区与农村老年人心理健康状况的比较发现,老年人大多数都受到慢性病的困扰。因为农村老年人文化程度相对较低,对自身健康状况缺少正确认知,虽然慢性病患病率稍低于城区老年人,但对自身健康状况的评价反不如后者。由于经济状况相对较差等原因,农村老年人有病常常不上医院,疾病困扰更加严重,容易产生焦虑、抑郁、恐怖情绪。

佘秀英、巫建平还发现家庭关系和睦,能避免或减少其对个体带来的不利影响,对健康起着保护作用。城区组人际关系、邻里关系不如农村组,原因是城区人际关系复杂,邻里之间来往较少,而农村交往密切,利益冲突少,农村民风淳朴、个性简单,憨厚老实,因此人际关系较好。佘秀英,巫建平研究结论是老年人心理健康水平较低,农村老年人心理健康状况更差。

此外,叶条凤调查发现②我国大中城市空巢家庭比例达到 56.1%,空巢老人的经济、医疗、生活照顾、情感关怀、精神文化生活问题是社会面临的必须解决的课题。城市化的进展、快节奏的现代生活方式、逐渐放开的二孩生育政策,乃至老龄化的加快,流动老人将会不断增多。流动老人福利待遇、人际关系、情感关怀、精神文化生活问题是社会面临的又一须解决的课题。

四、老年常见病

由于老年人身体器官的组织形态、生理功能均随年龄的增长逐渐发生衰退性变化,因此,老年病在疾病表现、诊断、治疗及预防等方面均有与年轻人不同的特点,其主要表现有下述几点。

(一)发病缓慢,多病共存

老年病多属慢性退行性变化,初期病程进行缓慢,有时生理变化与病理改变的界限难以区分,症状常不明显。老年人患病常为多系统病变同时存在,或一个系统有多种病理变化,可能出现一病多症或一症多病。

(二)发病诱因不同,症状不典型

老年人免疫功能低下,抗病能力弱,稍有不慎,就可能诱发严重疾病。由于体质上的差异,感觉及反应的迟钝,老年人患病的临床表现不典型,对自己身体的不适描述杂乱、不准确,给及时诊断带来困难。

① 佘秀英,巫建平.城区与农村老年人心理健康状况的比较[J].中国健康心理学杂志,2014,22(2):237-239.
② 叶条凤.老年人体育研究中几个急需解决的问题[J].体育学刊,2015,22(2):56-58.

(三)并发症或脏器功能衰退

老年人身体自稳性差,脏器功能衰退,免疫功能下降,在原有疾病的基础上容易发生感染或其他并发症。

我国老年人中高血压病、冠心病、脑血管病和恶性肿瘤最为常见。据全国 9 个城市部分调查统计,老年人常见病患病率:高血压病 22.4%～42.2%,冠心病 5.1%～33.8%,脑血管病 2.5%～4.2%,肺心病 0.7%～6.1%,慢性支气管炎 12.3%～30.4%,糖尿病 1.4%～12.9%,癌症 0.3%～4.5%。1986—1989 年,全国 16 省、市老卒中人群监测(国际心血管患者群监测方案)结果:脑卒中平均发病年龄为 60.9 岁,发病率北高南低相差 11～14 倍,与高血压病患病率北高南低相并行。在 27 个国家中,我国男性脑卒中发病率居第 11 位,女性居第 3 位,可见我国人群、特别是老年人脑卒中发病率处于较高发病水平。老年人常见癌症以肺、胃、肝、结肠癌和食管癌为多,近年来发病率,特别是肺癌和肝癌的发病率明显上升。

另一些导致老年人致残的疾病在我国也呈上升趋势。例如老年性痴呆过去报告其患病率为 0.5%～1.8%,最近调查表明:与欧美老年人痴呆患病率(5.0%)相近。骨质疏松症在我国导致老年人残疾人比率虽较欧美低,但患病率仍很高,由于诊断标准不统一,各地报告差别很大(25%～70%)。

心、脑血管疾病和癌症等病属多因素疾病,与不良的生活方式、饮食习惯、烟酒嗜好、心理因素、环境污染等密切相关。有人把这些疾病的致病因素分为四类,即:生活方式和行为占 48.9%,生物学因素占 23.2%,环境因素占 17.6%,健康服务态度占 10.3%。1992 年WHO 在一个文件中指出:在人类死因中有 60% 是由于不良的行为引起。几种常见老年病的主要致病危险因素见表 5-3。

表 5-3　几种常见老年病的主要致病危险因素[①]

致病因素	致病病名
高血压,高血脂,高血糖,吸烟,超重,缺少体力活动,精神紧张	冠心病
高血压,糖尿病,高血脂,超重,吸烟,酗酒,高盐饮食,精神紧张	脑卒中
职业毒物,吸烟,不良的膳食结构及生活方式,酗酒,病毒感染	癌症
超重,缺乏体力活动,遗传,环境因素	糖尿病
高脂饮食,超重和肥胖,体力劳动少,吸烟饮酒	高血脂
肥胖,高钠,低动物蛋白饮食,饮酒,体力劳动少,精神紧张,遗传	高血压

五、老龄问题对策

首先是解决看病难的问题。老年人是疾病的高发人群,当今社会存在这样的需求矛盾,有限质量有待提高的医疗服务,难以满足越发增多的老年人群体的医疗需求,解决这个矛盾

---

① 陆惠华.老年病的特点与对策[J].中国老年保健医学,2004(4):3-7.

是我国医疗改革的重要内容之一。

其次是建立老年医疗福利服务体系。发展以社区为中心的老年服务体系,如:空巢、孤寡老人的照料,提供上门服务,日常看护和服务。该体系还可以顺带提供大量的看护医疗就业岗位。

第三是开发老年消费产业。老龄化社会的突出问题就是老人的健康问题,包括疾病预防、医疗保险、精神陪护等,它直接影响着家庭和社会的稳定。老年人有较宽裕(富裕)的经济基础,他们对保持健康和延长寿命的关注带动了一批新兴领域、产业的发展,如老年人服装、老年人保健药品、老年人陪护、老年医学、老年社会学、老年体育等。

第四是充分利用老年人才资源。春蚕到死丝方尽,蜡炬成灰泪始干。老年人尤其是中高级知识分子(技师)是社会的宝贵财富,要调动老年人参与经济建设。如,我国老龄办开展援助西部大开发的"银龄行动"。

六、老年人体育的基本要求

1. 讲究科学,谨慎从事

(1)选择有氧代谢为主的全身性运动项目,散步、徒步、太极拳、健身秧歌等。

(2)负荷强度逐渐增加。例如:早上起床先坐一会再站起来。

2. 加强医务监督,预防运动损伤

(1)运动前,周密的体检。

(2)检查骨关节系统,预防发生运动损伤。

第五节 残疾人体育

一、残疾人体育管理机构概况

目前国际残疾人体育组织多达 10 个,如国际聋人体育联合会、国际轮椅联合会、国际残疾人奥委会(影响范围大)等。

党和政府重视残疾人体育活动的开展,新中国成立以后,残疾人体育逐渐得到广泛开展,围绕"发展特殊教育、体育,保障残疾儿童同健康儿童一样享有受教育、体育的权利"这一中心,我国先后成立了中国伤残人体育协会、中国聋人体育协会等组织,与国际残疾人体育组织保持着良好的交流关系。我国残疾人参加国际各种体育竞赛的同时,国内残疾人体育活动的开展已得到广泛的普及。

二、残疾人与残疾人体育[①]

（一）残疾人定义与分类

残疾人是社会成员大家庭中不可或缺的重要组成部分。《中华人民共和国残疾人保障法》第二条对残疾人的定义是[②]：残疾人是指在心理、生理、人体结构上，某种组织、功能丧失或者不正常，全部或者部分丧失以正常方式从事某种活动能力的人。残疾人包括视力残疾、听力残疾、言语残疾、肢体残疾、智力残疾、精神残疾、多重残疾和其他残疾的人。同时，法律对残疾人的权益提出保护，如第六十三条，违反本法规定，有关教育机构拒不接收残疾学生入学，或者在国家规定的录取要求以外附加条件限制残疾学生就学的，由有关主管部门责令改正，并依法对直接负责的主管人员和其他直接责任人员给予处分。第六十四条，违反本法规定，在职工的招用等方面歧视残疾人的，由有关主管部门责令改正；残疾人劳动者可以依法向人民法院提起诉讼。

（二）残疾人体育

残疾人体育[③]是以促进残疾人的康复，丰富余暇生活，提高生活质量为目的的体育活动。残疾人及其群体在长期的社会实践中所形成的一种参与体育现象，是《全民健身计划纲要》实施的重要内容，是群众体育活动扎实而全面开展的重要评价指标。按照现有体育理论关于社会体育的基本观点来看，残疾人体育同样具有广义、狭义之分。广义的残疾人体育是指残疾人所创造的有关体育的物质财富与精神财富的总和。这是因为残疾人与健全人一样都是社会物质文明和精神文明的创造者，人类所有财富都有他们的一部分。这也可以说是残疾人体育与整个社会体育的共性。狭义的残疾人体育是指残疾人所特有的体育行为模式、体育心态、互动关系及体育活动方式等。这也是残疾人体育区别其他社会体育的特点。

1.残疾人体育分类

残疾人运动按照项目可分为盲人足球、坐式排球、轮椅篮球等。按照参与目的可分为残疾人学校体育、残疾人康复体育、残疾人竞技体育和残疾人休闲体育。残疾人运动训练理论有很多，其中竞技能力非衡结构的补偿效应是重要的理念之一。

2.残疾人体育的特点

活动内容的特殊性、活动空间的特殊性、活动指导的特殊性是残疾人体育的特点。残疾人要根据自身残疾的实际情况选择活动项目、运动形式，要选择相对安全便利的活动场地，并且最好有人陪伴指导体育锻炼全程。

---

① 张凤霞，王岗.论残疾人体育活动的目的、意义与特点[J].山西师大体育学院学报，2002(1):11-12,19.
② 新华社.中华人民共和国主席令(第3号):《中华人民共和国残疾人保障法》[EB/OL].[2008-4-24].www.gov.cn.
③ 李建国.社会体育[M].北京:人民体育出版社,2004.

3.残疾人体育的要求

残疾人不仅能够参加体育活动,而且完全可以达到较高的运动水平,这是已经被实践证实了的事实。但是,残疾人的自身特点决定了他们参加体育活动的方式和要求,因此,残疾人体育活动应注意以下事项。

(1)了解自身的实际情况。了解自己是保障残疾人参加体育活动的首要条件。在积极参加体育活动之前,特别要对自己身体的情况作一分析,正确了解自己的身体机能、生理机能情况,并要在活动的过程中随时注意根据实际情况调整活动内容、运动强度、运动时间等。

(2)制订体育活动计划。做任何事情都必须有一个计划,凡事预则立不预则废,正如美国著名的运动医学博士库珀所说的"如果你不坚持有规律的运动,那你最好不运动"一样。体育活动只有长期坚持有规律的运动才能得到理想的效果。所以,残疾人在参加体育活动之前要制订一个较详细周密的锻炼计划。锻炼计划应包括活动时间、地点和方式、活动次数、运动后的放松、营养等。

(3)做好准备活动。准备活动是运动前所做的各种动作练习,目的是使人体从安静状态逐渐进入运动状态,为对即将进行的体育锻炼做好生理机能的动员和准备。残疾人身体的缺陷,制约他们参加体育活动比健康人的因素更多,如果事前不做好准备活动,则难以适应运动强度;对于神经兴奋较低的残疾人,做一些有兴趣的准备活动可以提高他们的兴奋性,调动他们的主动参与意识;准备活动由简到繁的过程,可以提高残疾人的体育兴趣,帮助他们消除对体育活动的紧张和害怕心理。

(4)合理安排运动强度和运动量。体育锻炼要循序渐进,合理安排体育活动的强度,控制好运动的时间。

(5)选择适宜的运动场地和器材。对于所有残疾人参加体育活动时,选择良好的运动场地和器材是保障他们参加体育活动的最基本物质条件。身体的缺陷导致了他们行动上的非常规性,因此,对于残疾人参加体育活动的物质要求就必然与健康人有所差别。运动场地的便捷程度、器材的使用便利程度、辅助器材安全稳定性等,都会影响残疾人参加体育活动。

三、特奥会与残奥会

(一)特奥会

世界特殊奥林匹克运动会简称特奥会(Special Olympics),是专门为智能低下,言语不清的神经和精神障碍患者甚至是生活不能自理的人举办的国际性体育运动竞赛活动。参赛选手是8岁以上,智商(IQ)在70分以下的智障人士。"勇敢尝试,争取胜利!"(Let me win. But if I cannot win,let me be brave in the attempt.)是世界特殊奥林匹克运动会的口号。

(二)残奥会

残疾人奥林匹克运动会(Paralympic Games)是由国际奥委会和国际残疾人奥林匹克委

员会主办的、专为残疾人举行的世界大型综合性运动会。

（三）特奥会与残奥会区别

1.对象不同

特殊奥林匹克运动会运动员是智商在 70 以下的智障人士。残奥运动员主要是视力残疾、肢体残疾的残疾人士,参赛者应符合最低残疾标准。

2.目的不同

特殊奥林匹克运动会强调的是参与和融合,其次才是竞争。

3.规则不同[①]

特奥会允许智障范围内所有能力等级的运动员参与,为了确保公平的竞赛原则,特奥运动员将按照年龄和能力分成不同"组",每个组都能给全部运动员提供公平竞争的机会。这一原则将带给每个运动员有意义和愉快的经历,同时也可以激发他们的潜力,达到最好。

参加残疾人奥运会的运动员来自不同残疾组别,只有能力最强者才可以参与比赛。作为一种正规体育竞赛,那些没有达到竞赛标准的运动员不能够参与比赛,有部分达到标准的运动员也有可能在预赛中被淘汰。这种体育理念就是要选拔出"最好的"运动员或运动队。

本章小节

本章讲述了娱乐体育、休闲、消遣的概念,娱乐体育的内容与分类,终身体育的概念、特点,并对婴幼儿体育、中年人体育、老年人体育的概念与要求进行了系统阐述,老年人体育的发展是经济发展和社会进步的必然结果。老年人体育市场的出现,是市场经济发展的必然产物。最后介绍了残疾人体育的概念与要求。

本章习题

1.简述娱乐体育的概念、特点与分类。

2.简述中年人体育的概念。

3.简述终身体育的概念。

4.老年人身体锻炼的指导原则包括哪些?

5.婴幼儿体育有哪些特点?

6.简述残疾人体育的概念与要求。

---

① 唐汉.特奥会与残奥会的区别[J].中国残疾人,2006(2):53.

第六章　体育锻炼与方法

内容提要

体育锻炼的学科基础,体育锻炼的常见方法,体育锻炼的原则,运动处方的概念。

【本章重点】

(1)体育锻炼的常见方法。

(2)体育锻炼的原则。

(3)运动处方的概念。

【本章难点】

体育锻炼的原理。

【教学方法与手段】

讲授、提问、讨论、自学、多媒体课件演示。

第一节　体育锻炼的原理

一、体育锻炼的原理

达尔文的进化论主要观点是用进废退、适者生存。在体育锻炼过程中,也经常体现这种思想。如,肌肉越练越发达,长期肌肉不动(肌肉饥饿)易萎缩,个人 800m 练到一定程度出现高原现象成绩不再提高,改变训练方法与强度又会有增长等。

(一)解剖学原理

1. 整体性

人体是一个有机体,细胞组成组织、器官,进而形成人体。人的皮肤由表皮组织、真皮组织、皮下组织组成。成人有 206 块骨,人体全身的肌肉共约 639 块,约由 60 亿条肌纤维组成,其中最长的肌纤维达 60cm,最短的仅有 1mm 左右。大块肌肉有 2 000g 重,小块的肌肉仅有几克。一般人的肌肉占体重的 $35\%\sim45\%$。肌肉内毛细血管的总长度可达 10 万 km，可绕地球两圈半。

2.联系性

肌肉发达的人通常形态也会较好。例如:肌肉越练越发达,肩关节肌肉的发达程度会影响到肩关节活动的幅度。

3.矛盾性

人体许多结构功能是矛盾的关系,例如:肌肉有伸屈肌,关节灵活性与肌肉发达成反比,副交感神经系统的作用与交感神经作用相反。

4.发展性

人的发展的规律有[1]:人的发展不平衡性、人的发展差异性、人的发展阶段性、人的发展顺序性和互补性。例如:12 岁时淋巴系统最发达,为成人的 2 倍。

(二)人体生理学原理

1.巴普洛夫高级神经活动学说

反射是在中枢神经系统参与下,机体在受到内外环境刺激时所产生的应答活动。例如,条件反射(后天学习):望梅止渴,非条件反射(天生就会):膝跳反射、眨眼反射。

2.超量恢复规律

一定范围内肌肉活动量越大,消耗越激烈,恢复越明显。

3.应激学说

也叫适应学说,体育锻炼正是利用人体对外界环境刺激的适应能力。

(三)生物化学原理

运动能改善机体的化学组成,增加糖原、蛋白质数量,减少脂肪。

(四)人类遗传学原理

完全遗传:血型、眼睛颜色(虹膜颜色)。

遗传大:身高、反应速度、肌肉相对力量等。遗传小:动作频率、肌肉绝对力量等。例如,身高遗传公式:男孩身高＝(父＋母＋13)/2＋a,a 为常数±17,女孩身高＝(父＋母－13)/2＋a,a 为常数±17。

---

[1] 邵宗杰.教育学[M].上海:华东师范大学出版社,2009.

二、心理健康

(一)成年人心理健康的标准

有充分的适应能力,能给自己客观评价,生活目标切合实际,有从经验中学习的能力,人际关系良好,适度的情绪发泄与控制,有限度的发挥个性,个人需求能恰当满足。

(二)青少年心理健康的标准

(1)智力发育正常。

(2)情绪反应适度。

(3)心理年龄与实际年龄相符。

(4)人际关系正常。在同学群、老乡圈、舍友中人际关系正常,社会适应良好。

(5)较好的意志品质。自我克制,克服感性。

(三)体育锻炼对心理健康的影响

(1)体育锻炼可以调节情绪。运动中出汗,调节情绪的原因可解释为:①人体神经的抑制与兴奋转移;②内啡呔(endorphin,亦称安多芬或脑内啡)与受体结合产生止痛和兴奋作用;③出汗、新陈代谢,心理和身体有宣泄的途径。

(2)体育锻炼可以促进人格的全面发展。

(3)体育锻炼可能协调人际关系。

(4)体育锻炼能降低疲劳,减缓心理衰老,降低应激反应,减缓心理疲劳。

(5)体育锻炼"健心"作用。美国运动医学学会提出每天 30 min 中等强度的锻炼有助于锻炼者的心理健康。

(四)体育锻炼与社会适应能力

体育锻炼对人的社会适应能力培养有积极的作用[①]。体育文化在学生进行体育活动过程中促进其社会化。卢元镇教授认为"还可以在内化竞争的意义、规范、道德等过程中,认识到社会上的各种竞争活动的社会意义"。

1.有助于更好地适应自然环境

长期进行体育锻炼,可促进健康,强壮体格,加强人类自身的适应能力。身体的各个组织系统在中枢神经支配下,承受外界刺激和协调各组织系统能力都将得到增强,可以更好地

---

① 魏中.体育合作学习模式对大学生社会适应能力影响的实验研究[D].昆明:云南师范大学,2008.

适应自然环境。

2.有助于建立良好的人际关系

人际关系是指社会交往过程中人与人之间的关系,是人与人之间进行信息交流和情感沟通的联系过程。良好的人际关系是心理正常发展的需要,不良的人际关系会导致心理障碍和心理疾病的产生。

3.有助于促进社会情感的发展[1]

个体在不同的场合能根据不同的社会环境进行相应调整,做出恰当的、合乎角色的情感反应,这是社会适应能力的重要表现。缘体育而结成的社会关系中,彰显了体育群体中个体所享有的权利与义务:每个人都有体会成功的权利,获得表彰和奖励的权利,同时也有遵守体育规则、道德和技术规范的义务。

4.有助于更好的认知

体育的重要功能之一,就是能对人的有机体施加影响,不仅能影响个体的生理属性,还能影响到心理属性。国外有关研究表明,一个人幼小时期所获得的户外游戏的经验,长大以后能够促使他积极参加体育活动。一般来说,爱好运动的人都比较有人缘、快活、亲切、有创造性和适应能力。体育锻炼中的个体也同样如此。

依据"集体的六要素"和体育锻炼情景,归纳出体育学习集体与社会适应之间的具体连点,见表6-1。

表 6-1　体育学习集体与社会适应之间的具体连点[2]

集体的要素	与社会适应的连点	与体育教学情景的连点	体育教学目标
共同的目标	可以与他人、与所在群体共享目标,心往一处想,有利于个人融入集体和社会的主流	学生是否积极参与小组目标的制定;是否积极出主意想办法;对大家决定的事是否说风凉话;是否表示淡漠等	积极参与小组学习目标的制定;对学习方案积极提出自己的意见;对大家决定的事积极参与
集体意识（士气）	在与所在集体共享目标的基础上,强化"我们"的意识,形成"荣辱与共"的心理,并主动与他人沟通感情	学生是否愿意与同学和集体产生连带感;是否关心集体的荣誉;对非功利的、但有关集体的事情是否热心等	培养对集体事情关心的态度;培养重视体育荣辱的态度;培养轻功利重集体的态度;培养集体连带感

① 魏中.体育合作学习模式对大学生社会适应能力影响的实验研究[D].昆明:云南师范大学,2008.
② 毛振明,赖天德.论体育教学与促进学生社会适应能力的关系[J].中国学校体育,2005(7):54-56.

续表

集体的要素	与社会适应的连点	与体育教学情景的连点	体育教学目标
领导核心	在所在的集体中服从领导和领导与集体所做出的决定,善意不做颠覆领导决定的事情	学生是否服从小组的组长及其决定;是否能善意地对组长及其决定提出建设性意见;是否有不服气或自作聪明的倾向	培养学生服从集体决定、服从领导的态度和行为;培养对领导及其决定提出善意建议的态度和行为,给领导出谋划策
职责的分担	在集体中能明确自己的位置,发挥自己的特长,完成自己的任务,为群体做贡献,使自己离不开集体,集体离不开自己	在小组中有无固定的角色;是否积极完成群体交给自己的任务;在群体统一活动中是否表现出一定特长	培养学生建立愿意为集体做贡献的精神;使学生具有发挥自己特长、扮好自己角色的意识和能力;培养认真完成集体任务的态度
规则	遵守集体的共同约定——规则,使自己与集体的规定进而与社会的规定相一致,使自己的行为更加规范	是否自觉地遵守条约运动的规则;是否自觉遵守班集体和集体制定的规则;是否服从裁判的裁定等	认识规则是"共同的约定",是维护秩序和集体也包括自己权利的意义;养成遵守规则的意识和行为习惯
共同的活动	愿意并经常与所在集体的成员一起设计和参与各种活动,通过空间和时间的共享,使自己与集体越来越近	是否积极参与集体学习和体育活动;在自主性活动中是否躲避大家	积极参与以班集体和小组为单位的各种活动;克服孤僻、散漫等不良心态和行为

　　体育锻炼的目的可以多元化阐述,个体的发展与社会的发展息息相关,个人锻炼的目的总是离不开与社会的联系,我们在实现个体体育目的的过程中也在实现着我国社会体育的目的,我国社会体育的目的是:增进全体社会成员的身心健康,促进个体全面发展和社会文明与进步,为建设社会主义精神文明和物质文明服务。

第二节　体育锻炼的原则与方法

一、体育锻炼的原则

(一)从实际出发的原则

(1)合理选择项目。

(2)合理安排生理负荷。

(3)考虑外界环境和营养情况。

(二)循序渐进的原则

负荷由小到大,由弱到强,肌肉群由大到小等。

(三)长期性原则

贵有恒,何必三更灯火五更眠;最无益,只怕一日曝十日寒(毛泽东)。有志者,事竟成,破釜沉舟百二秦关终属楚;有心人,天不负,卧薪尝胆三千越甲可吞吴(蒲松龄)。长期有效的锻炼才能对体能提升有明显的帮助。

(四)全面锻炼的原则

全面锻炼包括很多内容,比如:大肌肉群与小肌肉群,左右、上下部位要协调发展,五大身体素质要协调发展,大脑功能也要注意全面锻炼等。大脑功能定位:左半脑控制右边,长于语言、记忆、逻辑(优势半球);右半脑控制左边,长于几何、整体识辨(非优势半球)。

二、体育锻炼的内容与方法

(一)内容

(1)健身运动:广场舞、健身操、慢跑等。

(2)娱乐运动:交谊舞、游园、风筝、荡秋千等。

(3)医疗、矫正体育:五禽戏(模仿虎、鹿、熊、猿、鹤五种动物动作,以保健强身的导引方法)、气功、八段锦、易筋经等。

(4)格斗性体育:拳击、散打、柔道、军体拳等。

(二)方法

1.重复练习法

(1)是指锻炼者在相对固定的条件下按计划和要求反复练习同一内容的方法。

(2)注意事项:坚持与预防过度疲劳。

2.循环练习法

(1)根据身体锻炼的需要,将多个具有不同发展功能的项目搭配起来,在一次练习中依次循环进行练习的方法。

(2)注意事项:确定中心项目。

3.变换练习法

(1)是指在改变锻炼内容、强度和环境的条件下进行练习的方法。

(2)注意事项:有针对性地变换,不能随意变换。例如:杠铃力量训练就是常见的一种变换练习法(见表6-2)。

表 6-2　杠铃训练（力量）

类别	挺举	半蹲跳	飞鸟	提踵	卧推	负重走
目的	发达躯干上肢肌肉群	下肢力量，臀大肌、股四头肌	上肢力量，三角肌	发达小腿腓肠肌和比目鱼肌	上肢力量，胸大肌	下肢力量
运动量	大	大	小中	中	中	中大
运动强度（组×强度）	10 组 4×0.8 4×0.9 4×0.7	12 组 4×0.7 4×0.9 2×1 2×1.2	3 组	3 组	5 组	5 组

第三节　运 动 处 方

一、运动处方的概念

1. 产生的背景

20 世纪 50 年代，美国生理学家卡度维奇提出了运动处方的概念，1960 年日本的竹丝道夫教授先用了运动处方术语，1969 年世界卫生组织使用了运动处方术语，在国际上得到确认。前西德 Holl-Mann 研究所从 1954 年起对运动处方的理论和实践进行研究，制定出健康人、中老年人、运动员、肥胖病等各类运动处方，社会效果显著。

2. 概念

运动处方是指针对个人的身体状况，采用处方的形式规定个人锻炼的内容和运动量的方法。其特点是因人而异，对"症"下药。目的是使健身运动有计划、有目的、按步骤地进行，从而达到健身和防病、治病效果。

3. 运动处方制定的基本原理[①]

首先，运动应以有氧运动为主。有氧代谢运动可以增强呼吸系统机能，提高健身者的呼吸循环系统功能。其次中等强度的有氧运动是改善个人最大吸氧量水平的有效方式之一，人体适应过程一般分为负荷、恢复和超量恢复三个阶段，需考虑使用"超量负荷"的原则。第三，有氧运动的持续时间和运动频数。有氧运动的持续时间和运动强度直接相关，一般运动强度保持稳定后，再通过逐步延长时间，使有氧运动作用增大。绝大多数有氧运动项目，两

---

① 须晓东.老年人运动处方的原理与设计[J].体育世界:学术版,2008(4):59-60.

天进行一次,每次持续 30min 以上就能达到显著效果。还需注意合理膳食,养成良好的生活规律,保持良好的心态。

二、运动处方的应用

1.运动项目的选择

有氧代谢为主的运动项目有走、慢跑、游泳、网球、乒乓球等。体力佳的人可选择一些爬山、引体向上、屈臂撑、负重力量等锻炼形式。体力欠佳的人可选择如走步、走慢结合、易筋经、太极拳等运动项目。

2.运动负荷的安排

大多数健身锻炼者可采用中低强度、持续时间长的负荷安排。运动不足和体重超重的锻炼者,可选择低强度、无出汗,循序渐进的练习安排。

3.运动时间

健身运动每周可以进行 3~4 次,锻炼者练习的运动强度达到靶心率后应持续运动 20~30 min 以上。体能较好者应每天保持练习,便于养成良好锻炼的习惯。

4.运动处方的组成

(1)健康检查。

(2)运动负荷测定。

(3)体能测定。

(4)制定运动处方。

(5)效果检查。

5.运动处方的分类

按照应用的目的和对象可分为竞技训练运动处方、体育教学中的运动处方、预防保健运动处方、临床治疗运动处方。按运动处方的功能又可分为控制体重的运动处方(为肥胖人控制体重,不仅与运动有关,而且还与饮食的营养有关)、增强肌肉的运动处方、增强心肺功能的运动处方。

三、制定运动处方的要求

(1)针对性。根据每个人的具体情况安排。

(2)动态性。运动处方需经常修改、调整,以便适合个人情况。

(3)安全性。在制定运动处方前,对心血管和呼吸循环系统机能进行评定,确定适宜运动强度及心率范围,保证健身运动安全而有效。

四、中老年人运动处方制定

(一)中年人运动处方制定[①]

1.中年人运动处方的特点及制定

中年人开始锻炼前须先做整体的健康检查,然后再做身体机能的评估,应以自己的身体状况作为制定运动处方的依据。如果体型肥胖并伴有糖尿病、高血压、高血脂等疾病的中年人,在治疗的同时,更应重视身体锻炼。内容包括:

(1)运动强度:开始时用60%的最大心率,每4周增加5%至达到85%为上限。

(2)运动时间:开始时用15min慢走与慢跑交替进行,每4周增加5min至达到45~50min为上限。下午运动最好。

(3)运动频率:开始时每周2次。每2周后增加1次至达到每周4次或5次为上限。

(4)运动方式:以有氧运动为主,包括长距离步行或远足、慢跑、骑自行车、游泳、爬山、球类等。

(5)评估与进展:每8周做1次身体机能评估或测试,然后调整进度。每2年做1次整体健康检查。

2.注意事项

必须依照医生与运动指导员的指示动作运动,无论运动负荷的大小,只要运动量相当于5倍的休息负荷强度就可达到预期的效果,太累时应慢下来或休息后(慢走等)再继续运动;如果患有某种疾病,应积极治疗,树立运动可以预防及治疗中老年疾病的信心。

(二)老年人运动处方制定[①]

1.老年人运动处方的特点及制定

老年人在经医师做整体健康检查后,才能为他们规划运动处方。他们所做的体能测试项目主要评估他们的上肢肌力与下肢耐力,腹肌力与平衡力等方面情况。老年人运动处方如下:

(1)运动强度:用"运动自觉负荷"量表来决定运动强度。从最低的"4"开始,渐渐增加至"7"为上限。"4"是相当于4倍的休息时代谢所需的能量。

(2)运动持续时间:在"自觉负荷"量表的2与4之间,持续时间可保持20~40min。开始时用20min作起点,每2周增加5min,上限45min。

(3)运动频率:由于机体代谢水平降低,疲劳后恢复的时间延长,因此运动频率可视情况增减,一般每周3~4次为宜。应强调低强度和高频率运动,例如每周从3次增加到6或7次,每3周增加1次至达到目标为止。

---

① 叶鸣.中老年运动处方的特点及制定方法[J].西安体育学院学报,2002(19):57-59.

（4）运动形式：最适宜的运动形式是"无负重"，如慢走、跳舞、太极拳、体育气功、游泳、登山、羽毛球、网球、健身操等等。做轻负荷的力量训练有很多的益处，然而必须有专业人员辅导才可进行力量训练。

（5）评估与进展：每6～8周应做1次体能评估，依评估结果作进展的调整。每6个月需请医生做1次健康检查。调整运动处方时，以增加持续时间为先，再增加运动频率，最后才增加运动强度。

2．注意事项

老年人的运动处方，主要强调适当与有规律，以"安全"为最终目标；如有窦性心律不齐、糖尿病、高血压、心肌梗塞、关节炎或肺病等患者必须经过医生的检查后，依照医生的指示，开出运动处方；高龄者每增加10岁，他的最大摄氧量就下降9％，只有参加身体活动，尤其是有氧活动，才使这个自然趋势缓慢下来；训练效果的好坏与下列因素有关：是否服药及服药量，静态生活方式的长短，疾病多少与轻重，骨骼的强弱，对运动的态度与认识等。

本章小节

适者生存同样适用于体育理论中，用进废退，肌肉长时间不用则会萎缩。本章着重阐述了体育锻炼的学科基础、锻炼的原则与方法，阐述了运动处方的概念与方法及中老年人运动处方的制定。

本章习题

1．简述体育锻炼的原则。

2．简述体育锻炼的方法。

3．简述运动处方的概念。

4．体育锻炼的学科基础有哪些？试从学科角度阐述体育锻炼的原理。

5．中老年人运动处方如何制定？

第七章　健康与促进健康的方法

内容提要

　　随着人本主义的回归,人们对健康的认识也逐渐从平面向立体转变,健康的概念呈现出 4 个维度,在研究影响健康的因素过程中,人们对健康的意义认识越发深刻,总结了促进健康的一系列方法。

【本章重点】

(1)健康的概念。

(2)健康的影响因素。

(3)促进健康的方法。

(4)维护学生健康的方法。

【本章难点】

健康的概念。

【教学方法与手段】

讲授、提问、讨论、自学、多媒体课件演示。

第一节　健 康 概 述

一、健康的概念

1948 年 WHO(World Health Organization)组织在其章程中认为健康的概念包括 4 个维度:

(1)躯体健康。器官功能完好,身体无疾病。

(2)心理健康。积极情绪＞消极情绪,对未来有明确的目标。

(3)社会适应良好。自我评价恰当,人际关系良好,社会适应能力强。例如,自省:我是谁?人际关系如何?受别人欢迎(喜欢)特点是什么?

(4)道德健康。有健康、积极向上的信仰,具有高尚的品德与情操。衡量道德健康的标准很多,主要包括法律法规、道德规范、职业美德、社会舆论以及除法律之外的道德约束等。

二、健康的意义

前教育部部长周济说:每天锻炼1小时,健康工作50年,幸福生活一辈子。

(1)健康既是学校教育的前提,又是学校教育的首要目标。

(2)健康是人们奉献社会和享有生活的基础和前提条件。

(3)健康是社会发展的基本标志和潜在动力。

(4)人民健康是社会发展目标中的基本目标。目标不代表一切,但失去健康,就失去了一切。

三、健康的标志和心理健康的标准

1.健康的标志[1]

(1)有充沛的精力,能从容不迫地应付日常生活和工作压力而不感到过分紧张。

(2)处事乐观,态度积极,乐于承担责任,事无巨细不挑剔。

(3)善于休息,睡眠良好。

(4)应变能力强,能适应外界环境的各种变化。

(5)能够抵抗一般性感冒和传染病。

(6)体重得当,身材均匀。站立时,头、肩、臂位置协调。

(7)眼睛明亮,反应敏锐,眼睑不易发炎。

(8)牙齿清洁,无空洞,无痛感,牙齿颜色正常,无出血现象。

(9)头发有光泽、无头屑。

(10)肌肉、皮肤有弹性,走路轻松有力。

其中前4条为心理健康的内容,后6条为生物生理学方面的内容。

2.心理健康的标准

(1)智力正常。

(2)能动地适应环境。

(3)热爱人生。

(4)情绪稳定。

(5)意志健全。

(6)行为协调。

(7)人际关系适应。

(8)反应适度。

---

① 定康.健康的标志[J].新农村,1996(2):27.

(9)心理年龄与生理年龄相一致。

(10)能面向未来。

由此可见,健康不仅仅是没有病,健康的概念是多维度的。

四、影响健康的因素

(一)环境因素

1.环境污染物对人体健康影响的问题[①]

(1)城乡环境污染物。我国环境污染现状相当严重,面临的环境与人体的健康问题仍十分突出。首先,农村部分农民饮水卫生难以保证,存在着传染病经水传播的隐患,一些地区长期饮用高氟水、高砷水导致地方性氟中毒、地方性砷中毒问题也待解决。其次,在城市,人口密集,工业集中,交通繁忙,大气污染严重(雾霾危害,污染物附着于水滴上会引起急性上呼吸道感染(感冒)、哮喘发作等),许多城市空气质量很差。此外,城市环境还存在噪声(我国规定新建企业噪声不得超过85dB,现有企业适当放宽至90dB)、电磁辐射、垃圾等污染。

(2)居室环境污染物。居室环境主要指人们的居住环境,是人们生活环境的重要组成部分,室内环境包括办公室、会议室、教室和医院等的环境。室内环境污染物来自室外大气污染物,室内人们活动和燃料燃烧污染物,各种装修材料和家具释放出的污染物,家用电器的电磁污染和生物性污染物等。

(3)环境与食物安全。科学家把与摄食有关的一切疾病称为"食源性疾病",由于食品污染而引起的食源性疾病发病率已居各类疾病的第2位。食品的生物性污染,包括细菌、病毒、寄生虫等;食品的化学性污染,包括农药、金属、多环芳烃等。此外,在畜牧业中滥用抗生素、饲料添加剂等放射性污染是近年来人们才认识到的一种食品污染方式,这些放射性元素在人体内某一器官蓄积,在体内形成内辐射,对人体造成危害。

2.社会环境

社会环境包含政治环境、经济环境、文化环境、教育环境。例如,1954年日本通过立法,强调牛奶必须成为学生营养午餐的一部分,在提供学生午餐的同时提供200mL的牛奶。如今日本的人均奶品占有量已从当初的12kg上升到现在的91kg。日本人体质:平均身高比上一代增加11cm,体重增加了8kg,并成为世界上预期寿命最长的国家之一,被国际公认为"人类体质发展的奇迹"。

(二)个体因素

个体因素是指每个人的生活样式,是生活活动的总和,包括生活态度、生活水平和生活习惯行为。表7-1中列出了食物与情绪的部分关系。

---

① 常元勋.环境污染对人体健康的影响[J].中国全科医学,2006(13):1080-1081.

表 7-1　食物与情绪

食　物	身体效应	不良反应
咖啡因(存在于咖啡、阿司匹林及可口可乐中)	类似应激唤醒的状态,直接刺激神经系统,使警觉程度提高,刺激心脏、肾、肾上腺、扩张血管	刺激肾脏,头痛,嗜睡,易怒,疲劳,紧张,心悸
糖	短时间内大量血流补充能量,暂时缓解疲劳	肾上腺过度工作,以致其血糖的功能下降。疲劳感,抑郁,易怒
盐	与钾一起调节体液平衡	高血压,紧张,摄入过多则刺激肾上腺,提高应激和唤醒的程度
色氨酸(鸡、鱼、奶、香蕉、大米中所含的氨基酸)	增加大脑化学血清素的分泌,使人镇静和产生睡意	白天摄入富含色氨酸的食物,易困倦
酒精	扩张血管,提高血糖水平,使身心放松,促进食欲和消化过程	如果摄入过多,则损害肝脏,判断力和脑功能下降,协调性下降,抑郁

(三)遗传因素(生物学因素)

根据统计调查及临床观察,许多精神疾病的发病原因确实具有血缘关系。同时,遗传上的易感性在一些人身上也是存在的,以遗传素质为基础的神经类型及各个年龄阶段所表现的身体特征也影响着人的心理活动。

由病菌、病毒(例如脑梅毒、斑疹伤寒、流行性脑炎)等引起的中枢神经系统的传染病会损害人的神经组织结构,导致器质性心理障碍或精神失常。这一点对儿童影响尤为严重,是造成智力迟滞或痴呆的重要原因。我国强制婚检制度始于 1995 年 6 月 1 日实施的《母婴保健法》,2011 年《中国妇幼卫生事业发展报告》统计,1996 年我国新生儿出生缺陷发生率为每万人中 87.8 人,到 2003 年强制婚检取消时,每万人中约为 120 人,上升幅度为 36.7%,2010年这项数字为每万人中 149.9 人,但出生缺陷率绝对值依然呈升高趋势。环境、习惯、营养等外界因素影响新生儿缺陷率。2015 年我国出生缺陷总发生率约为 5.6%,全面二孩政策实施后,每年新增出生缺陷儿童 100 万例。全国妇幼卫生监测办公室主任朱军教授认为,导致出生缺陷的因素很复杂,其中遗传因素占 30%～40%;环境因素占 10%～20%,包括放射线、病毒感染、药物或化学因素。

(四)教育因素

教育程度高通常意味着更好的工作、更高的收入,从而能扩大健康投入的预算。首先,良好的经济收入能为受教育者提供良好的营养物质条件;其次,受教育者可以支配更多的经济资源进行专门的健康投资,如购买医疗保险和服务、保健器材及设施等,从而有利于受教育者的身心健康。第三,受教育程度高的人具备更高的认知能力和适应能力,健康知识更加丰富,倾向于选择更健康的生活方式和行为,饮食更加健康,并更积极地锻炼身体,较少参与高风险活动。例如:小康社会的标准每千人医生 2.3 名,截止到 2015 年,我国的全科医生无论在绝对数量(每千人口 0.14 名,英国 0.79 名,德国、澳大利亚等发达国家超过每千人口 1.5 名)还是相对比例(我国的全科医生占医生总数 6％,英国 28％,德国、澳大利亚等发达国家的比例超 过 40％)方面,与发达国家的差距依然非常明显。同时,由于全科医生职业吸引力不足(仅有 5％不到的医学院学生将全科医生作为首选职业),我国的全科医生学历普遍不高。

五、如何维护学生的健康

(1)努力提高自身的健康知识水平。

(2)培养正确对待个人卫生的态度与意识,例如:用眼卫生。

(3)增强对社会健康的责任感 。

(4)形成有利于个人、社会的健康行为和生活习惯。

(5)形成健康的生活习惯,例如:防止沉溺于游戏。

(6)保持情绪稳定,控制好自己的感情。例如:2012 年 12 月乒联总决赛女单决赛中,某某运动员 2：0领先的局面下连丢 4 局,以 2：4不敌队友,再次(连续 3 年)屈居亚军,看到自己喜爱的球员不在状态,虔城(赣州)一球友怒砸电视机。

第二节　促进健康的方法

健康的概念是四维的,一位健康的公民不仅身体健康、心理健康,还需要具备良好的人际关系及品德健康。

一、健康的促进方法

促进健康主要可从两个方面进行,一方面是身体健康,另一方面是心理健康,此外良好的人际关系和道德健康也是需要注意的。常见的促进健康的方法有下列 8 条。

1.规律的生活作息制度

需知"邪生于无禁,欲生于无度",生活作息要有规律,顺应人体的生物节律;避免人体器官处于疲于应对的紧张状态,学会情绪、机体的自我控制和疏导调节。下面是一则生活作息时刻的实例[1](供参考)。

7：30:起床。水是身体新陈代谢的必需物质,早上喝一杯清水,可以补充晚上的缺水

---

[1]　思思.最健康的作息时间表[J].商业会计,2010(14):81.

状态。

7:30~8:00：在早饭之前刷牙。在早饭之前刷牙可以防止牙齿的腐蚀,因为刷牙之后,可以在牙齿外面涂上一层含氟的保护层。要么,就等早饭之后半小时再刷牙。

8:00~8:30：吃早饭。早饭必须吃,因为它可以帮助你维持血糖水平的稳定。

8:30~9:00：步行上班。马萨诸塞州大学医学院的研究人员发现,每天走路的人,比那些久坐不运动的人患感冒病的概率低25%。

9:30：开始一天中最困难的工作。纽约睡眠中心的研究人员发现,大部分人在每天醒来的一两个小时内头脑最清醒。

10:30：让眼睛离开屏幕休息一下。如果使用电脑工作,那么每工作1h,就让眼睛休息3~10min,补充水果。

11:00~13:00：需要一顿可口的午餐。

14:30~15:30：午休一小会儿。雅典的一所大学研究发现,那些每天中午午休30min或更长时间,每周至少午休3次的人,因心脏病死亡的概率会下降37%。

16:00：喝杯酸奶。这样做可以稳定血糖水平。在每天三餐之间喝些酸牛奶,有利于心脏健康。

17:00~19:00：锻炼身体。根据体内的生物钟,这个时间是运动的最佳时间。

19:30：晚餐少吃点。晚饭吃太多,会引起血糖升高,并增加消化系统的负担,影响睡眠。晚饭应该多吃蔬菜,少吃富含卡路里和蛋白质的食物。吃饭时要细嚼慢咽。

21:45：看会电视。这个时间看会儿电视放松一下,有助于睡眠,但要注意,尽量不要躺在床上看电视,会影响睡眠质量。洗个热水澡。拉夫堡大学睡眠研究中心吉姆·霍恩教授说:"体温的适当降低有助于放松和睡眠。"

23:30：上床睡觉。保证享受8h充足的睡眠。

2.消极与积极的休息

所谓"消极休息",不是指情绪上的消极,而是方式的单一,缺乏灵活性,不能更好地达到休息的目的。消极休息是以"静"为主连续用脑一定时间之后,坐在椅上或躺在床上闭目养神,有助于松弛精神,放松肢体,消除疲劳。但这种静止休息的方式,肢体虽然静止不动,但脑子往往还在活动。要合理地组织劳动和休息,就得善于利用多种不同的休息方式,即积极的休息。体力劳动者休息时搞点文娱活动,脑力劳动者休息时做点轻微的体力活动,这是很有好处的。生理学研究表明,参加一项对自己有兴趣的活动,人体就不容易感觉疲劳,同样,有兴趣的休息方式也能迅速消除人体的疲劳。因此巧妙地把娱乐活动加入到生活中去的人是会生活的人。生命在于运动,积极休息则有利于健康长寿。

3.合理的营养和平衡膳食

人们常说的五谷是指稻、麦、黍(黄米)、稷(粟、高粱、小米)、菽(豆);六大营养素是指蛋白质、油脂、糖类、维生素、水和无机盐,前三者在体内代谢后产生能量,故又称产能营养素。

中国营养学会公布了《中国居民膳食指南》(2016 版),下面是该指南的核心内容[①]:

(1)推荐一:食物多样,谷类为主。平衡膳食模式是最大程度上保障人体营养需要和健康的基础,食物多样是平衡膳食模式的基本原则。每天的膳食应包括谷薯类、蔬菜水果类、畜禽鱼蛋奶类、大豆坚果类等食物。建议平均每天摄入 12 种以上食物,每周 25 种以上。谷类为主是平衡膳食模式的重要特征,每天摄入谷薯类食物 250～400g,其中全谷物和杂豆类 50～150g,薯类 50～100g;膳食中碳水化合物提供的能量应占总能量的 50% 以上。

(2)推荐二:吃动平衡,健康体重。体重是评价人体营养和健康状况的重要指标,吃和动是保持健康体重的关键。各个年龄段人群都应该坚持天天运动、维持能量平衡、保持健康体重。体重过低和过高均易增加疾病的发生风险。推荐每周应至少进行 5 天中等强度身体活动,累计 150min 以上;坚持日常身体活动,平均每天主动身体活动 6 000 步;尽量减少久坐时间,每小时起来动一动,动则有益。

(3)推荐三:多吃蔬果、奶类、大豆。蔬菜、水果、奶类和大豆及制品是平衡膳食的重要组成部分,坚果是膳食的有益补充。蔬菜和水果是维生素、矿物质、膳食纤维和植物化学物的重要来源,奶类和大豆类富含钙、优质蛋白质和 B 族维生素,对降低慢性病的发病风险具有重要作用。提倡餐餐有蔬菜,推荐每天摄入 300～500g,深色蔬菜应占 1/2。天天吃水果,推荐每天摄入 200～350g 的新鲜水果,果汁不能代替鲜果。吃各种奶制品,摄入量相当于每天液态奶 300g。经常吃豆制品,每天相当于大豆 25g 以上,适量吃坚果。

(4)推荐四:适量吃鱼、禽、蛋、瘦肉。鱼、禽、蛋和瘦肉可提供人体所需要的优质蛋白质、维生素 A、B 族维生素等,有些也含有较高的脂肪和胆固醇。动物性食物优选鱼和禽类,鱼和禽类脂肪含量相对较低,鱼类含有较多的不饱和脂肪酸;蛋类各种营养成分齐全;吃畜肉应选择瘦肉,瘦肉脂肪含量较低。过多食用烟熏和腌制肉类可增加肿瘤的发生风险,应当少吃。推荐每周吃鱼 280～525g,畜禽肉 280～525g,蛋类 280～350g,平均每天摄入鱼、禽、蛋和瘦肉总量 120～200g。

(5)推荐五:少盐少油,控糖限酒。我国多数居民目前食盐、烹调油和脂肪摄入过多,这是高血压、肥胖和心脑血管疾病等慢性病发病率居高不下的重要因素,因此应当培养清淡饮食习惯,成人每天食盐不超过 6g,每天烹调油 25～30g。过多摄入添加糖可增加龋齿和超重发生的风险,推荐每天摄入糖不超过 50g,最好控制在 25g 以下。水在生命活动中发挥重要作用,应当足量饮水。建议成年人每天 7～8 杯(1500～1700mL),提倡饮用白开水和茶水,不喝或少喝含糖饮料。儿童少年、孕妇、乳母不应饮酒,成人如饮酒,一天饮酒的酒精量男性不超过 25g,女性不超过 15g。

(6)推荐六:杜绝浪费,兴新食尚。[①]勤俭节约,珍惜食物,杜绝浪费是中华民族的美德。按需选购食物、按需备餐,提倡分餐不浪费。选择新鲜卫生的食物和适宜的烹调方式,保障

① 中国居民膳食指南. 中国营养学会[EB/OL]. [2016 - 5 - 13]. http://dg. cnsoc. org/article/04/8a2389fd5520b4f 30155b41b364b23df. html

饮食卫生。学会阅读食品标签,合理选择食品。创造和支持文明饮食新风的社会环境和条件,应该从每个人做起,回家吃饭,享受食物和亲情,传承优良饮食文化,树健康饮食新风。

4.科学锻炼身体

在锻炼过程中,遵守锻炼的 4 个原则:①从实际出发;②循序渐进;③持之以恒;④全面锻炼。

5.避免吸烟和被动吸烟

从事环境保护的污染控制技术研究工作的钮式如研究员认为,被动吸烟是指不吸烟者出于无奈被迫地吸入吸烟者在吸烟时所形成的烟雾。吸烟者将烟支燃烧产物全部经口吸入体内,这股烟气称为主流烟;烟支自行燃烧产生众多化学物,散发到环境中,这股烟气称为侧流烟;呼气时,吸烟者将部分吸入的烟气重新从口中呼出,扩散至环境中,这股烟气则是主流烟的一部分(一般约为 50%)。环境烟草烟雾就是由侧流烟和吸烟者呼出的部分主流烟组成的。当然,应该指出被动吸烟者所吸入的是经周围空气一定程度稀释后的环境烟草烟雾,故每个被动吸烟者所暴露的环境烟草烟雾浓度会因地而异,决定于空间环境大小及通风换气状况。主流烟和侧流烟虽出自同一烟支,形成条件不同致其化学成分和数量差异极大。主流烟燃烧温度高达 900℃,富氧、多蒸馏、偏酸性,而侧流烟燃烧温度 600℃,贫氧、多还原、偏碱性,无论主流烟还是侧流烟,均含有几千种化学成分,其中致癌物达几十种,但两者相比,侧流烟更具毒性,应引起更多重视。例如,每点燃一支香烟后,侧流烟中一氧化碳、烟碱和强致癌性的苯并芘、亚硝胺的含量分别为主流烟中含量的 5 倍、3 倍和 4 倍、50 倍。

被动吸烟对健康的危害程度,虽不如主动吸烟,但也相当严重,足以危及生命,应引起充分重视[1]:

(1)引起肺癌。日本的一项权威性长期追踪调查结果显示,不吸烟妇女受丈夫在家中吸烟影响而患肺癌死亡的危险率要比对照组(妇女与丈夫均不吸烟)高出一半至一倍多。美国近期报道,生活在吸烟家庭中的不吸烟妇女与生活在非吸烟家庭中的相比,患肺癌概率要高出 2~3 倍。在工作间、酒吧间长期暴露于二手烟的不吸烟者患肺癌概率与非被动吸烟者相比要高出 40%~50% 。

(2)引起心脏病。不吸烟的被动吸烟者与无被动吸烟者相比,患冠心病危险性高出 25%~30%。美国男性暴露于二手烟的患缺血性心脏病死亡率达 9.6%,而非暴露组为 7.4%。

(3)引起呼吸道疾患。长期接触二手烟可引起各种慢性呼吸道疾患。美国一研究报道,被动吸烟者呼吸困难危险率增加 45%,患慢性支气管炎危险率增加 65%,患哮喘危险率增加 39%。

(4)引起婴幼儿疾病。婴儿被动吸烟患婴儿猝死综合征的危险率增加 20 多倍。我国一项随访调查表明,婴儿被动吸烟患上呼吸道感染和气管炎的危险率分别增加 37% 和 45%,

---

① 作者不详.不得不知的烟毒[J].宁波通讯,2011(10):61.

幼儿被动吸烟还会引起中耳炎和哮喘多发。

防止被动吸烟的措施：①制定公共场所禁止吸烟法规；②加强法规的监督执行；③加强宣传教育，提倡文明生活；④创建无烟草烟雾单位、学校、家庭；⑤力劝和帮助吸烟者戒烟。

6.避免酗酒和滥用药物

（1）急性酒精中毒，慢性中毒综合征，肝硬化。过量地饮酒会杀死脑细胞，长此以往，还会导致记忆力减退、肝硬化和脂肪肝等疾病。酗酒包括两方面：酒精滥用、酒精依赖。前者是不根据自身实际情况，为了摆脱某种情绪或心理等而采取的不计后果的饮酒方式，后者主要是指心理成瘾而造成的困扰。

避免酗酒的心理学方法主要有：①脱敏法，将饮酒的危害一一列出。找出该危害（疾病）后果的图片、视频等，当想喝酒意念强烈时，看这些物品，心理逐渐形成厌恶情绪。②系统脱敏法奖励强化法。戒酒者若完成了当天应减少的"指标"，应给予一些有吸引力（精神或物质）的奖励。同时家人帮助戒酒者转移注意力，挖掘良好事情、兴趣。③群体疗法，是指充分发挥群体对个人的心理功能，建立互助小组，互相帮助互相鼓励。

（2）抵制毒品、少用抗生素等，培养自身抵抗能力。对青少年而言，要拒绝毒品，预防吸毒最重要的是要在平时的学习和生活中养成良好行为习惯，杜绝不良嗜好，培养坚强的意志品质，增强抵制毒品侵袭的能力。慎重交友，摒拒不良嗜好，不要以身试毒，建立正当的情绪抒解方法，认识正确用药观念，远离是非场所。保护自己的唯一有效办法就是绝不尝试第一次。吸毒治病、减肥、提神的说法是骗人的鬼话。无论遇到多么大的挫折，千万不要沾毒品的边儿。同时，家长们要学会与孩子和睦相处，切忌简单粗暴。

使用抗生素，必须了解各种抗生素相应的抗菌谱和药学特点，医师应根据其临床适应证正确选用抗生素。严格掌握广谱抗生素应用的剂量和时间，剂量不宜过大，尽早改用窄谱的抗生素，以免继发真菌感染。

7.及时调控情绪

人们学习、工作、生活都是为了能获得幸福。情绪调节是个人管理和改变自己或他人情绪的过程。曾经有这样一句话很有启发性：如果你不控制自己，那么别人会控制你。成功的情绪调节，主要是要管理情绪体验和行为，使之处在适度的水平，当情绪属于自己时，我们可以做"情绪的主人"，收获的是利己利人；当情绪不属于自己时，我们就只能做"情绪的仆人"，其后果是害人害己。人的适应性和耐受性有一定的范围，我们要善于排解不良情绪，不断锻炼提高修养。

8.及时寻求心理咨询

随着人类社会现代化进程的不断加快，人们所面临的心理问题越来越多，精神压力也越来越大，如情绪社会适应问题、青年独立性和依赖性的矛盾、友谊与恋爱、成就动机与自我实现性问题、择偶与新婚、人际关系、择业、失业与再就业、中年及更年期人际冲突、情绪失调、工作及家庭负荷的适应、家庭结构调整、更年期综合征、身体衰老与心理衰老、老年生活等问题。心理咨询可以帮助人们挖掘心理潜力,提高自我认识,走出阴霾。

二、个人心理健康的基本标准

个人心理健康的基本标准包括具有正常的智力、善于协调与控制情绪、具有和谐的人际关系、良好地适应和改造现实环境、具有坚强的意志品质、具有完整与健康的人格等方面。

1.大学生心理健康的标准

王晓霞认为大学生心理健康的标准主要有[①]:

(1)情绪调控适当。在遇到各种问题时,能够适度地表达和调控自己的情绪,心理结构总是趋于平衡和协调,不会被情绪所左右而导致言行失调。

(2)自我意识明确,有自知之明。心理健康的大学生对自己的能力性格以及优缺点都能做出较客观的评价,不妄自尊大,也不妄自菲薄,能够切合实际地将学习和理想目标统一起来。

(3)人际关系和谐。与人相处时,同情、友善、信任、尊敬等积极的态度,总是多于猜疑、嫉妒、畏惧、敌视等消极的态度。

(4)人格健全。心理健康的大学生气质、性格能力和理想、信念、兴趣、世界观等各方面较均衡,思考问题的方式是适中和合理的,待人接物能采取恰当灵活的态度。

(5)热爱生活、学习努力。心理健康的大学生能积极主动地安排自己的生活和学习,能发挥自己的个性和聪明才智,并能从中获得满足感,把学习看成是乐趣。

(6)意志健全。能坚定地运用切实有效的方法解决所遇到的各种困难和问题,能较长时间保持专注和控制行动去实现某一既定目标。

(7)适应社会生活,能与社会协调一致。能正确地认识环境,处理好个人与环境的关系,既有高于现实的思想,又不会沉迷于幻想与奢望中,能自觉约束自己,使个体行为符合社会规范的要求。

2.大学生常见的心理障碍及应对措施

大学生常见的心理障碍及应对措施有:

(1)自卑心理,要教育学生正确地认识自己,提高自我评价,自卑心理的形成主要来源于社交中不能正确认识自己和对待自己。

(2)孤独心理。

(3)报复心理。

(4)交往困惑。

针对这几种障碍,常用集体活动与个别谈话引导相结合的方法来解决。多开展丰富多彩的集体活动,有利于舍友、同班、同院、同校或异校同学间建立各种人际关系。大学生人际

---

① 王晓霞.略论大学生心理健康的标准及意义[J].前沿,2001(10):60-62.

交往的心理障碍还有社交恐惧、猜忌等方面。要引导学生认识到人无完人、金无足赤，增强自信。可采用个别谈话引导，就某件具体事件，深入浅出，摆事实讲道理，开诚布公，设身处地地讲错的原因在哪，其思想源头是哪里，以后应该如何应对。

三、人际关系及功能

1. 概念

人际关系是人与人在相互交往过程中所形成的关系。人与人的交往关系包括亲属关系、朋友关系、学友(同学)关系、师生关系等。奥尔特曼(1973年)认为良好的人际关系的建立和发展需要经历4个阶段：定向阶段，情感探索阶段，感情交流阶段，稳定交往阶段。

2. 良好的人际关系功能

良好的人际关系有利于促进和谐社会的建设，有利于培养一代具有现代化素质的新人，有利于增强群体的凝聚力，发展社会生产力，有利于形成一个良好的人际关系环境，有利于促进个体素质的提高和个体全面发展。

本章小节

体育回归到日常生活是我国当前社会发展的趋势，人们已不满足于温饱的生活，正迈向有质量的生活。本章主要讲述了健康的意义、标准，促进(学生)健康的方法，心理健康的标准，良好人际关系的功能。

本章习题

1. 身体没有疾病就是健康吗？健康包括哪些内容？
2. 影响健康的因素有哪些？
3. 如何促进健康？
4. 简述良好人际关系的功能。

第八章 体质测定

内容提要

体质、体力、体能、体适能等概念的联系与区别,体质测定的概念与方法。老年人等不同人群体测的方法。体育运动判定的方法。

【本章重点】

(1)体质的概念。

(2)体力的概念。

(3)体质测定的概念与方法。

【本章难点】

体质、体力、体能、体适能等概念的联系与区别。

【教学方法与手段】

讲授、提问、讨论、自学、多媒体课件演示。

第一节 体质的概念

一、体质概念来源

在中国古代和西方医学的发展过程中都曾有过各种体质学说。

1.我国古代体质概念渊源

体质的思想最早源于《黄帝内经·灵枢》第六篇《寿夭刚柔》:"人之生也,有刚有柔,有弱有强,有短有长,有阴有阳,愿闻其力","形志"是人体"身体与精神"的有机结合体,在内经里可以分为五种,具体是:形乐志乐,形苦志乐,形苦志苦,形乐志苦,形数惊恐。较早提及"体质"的《晋书》列传第七《宗室》有"保体质丰伟,尝自称重八百斤"记载。《古代汉语词典》(商务印书馆,2002)对"体质"解释为身体素质。汉末张仲景《伤寒杂病论》强调身体为基础的思想,如"发热恶寒者,发于阳也,无热恶寒者发于阴也",北宋儿科专家钱乙认为儿童有"脏腑柔弱""血气未充""易虚易实""易寒易热""脾胃虚衰"等,医学界金元四大家之一刘完素认为六气皆从火化,张从正强调扶正祛邪,李东垣重视脾胃,元朝朱震亨认为阴常不足,阳常有余,金元四家都极其重视人体在健康与疾病中的基础作用。清朝名医叶桂在其典籍中用"体质"一词较多,如"阳微体质""木火体质""湿热体质"。

2. 国外体质概念渊源

西方国家对体质也有研究,在古希腊医学文献《希波克拉底文集》中,作者希波克拉底就从朴素的辩证唯物主义出发提出了"体液学说",认为人体由血液、黏液、黄疸、黑胆体液组成,指出不同的人体体质类型与病症的关系。

德国生物学家魏斯曼于1883年提出有名的种质论。种质论主张生物体由质上根本相异的两部分——种质和体质组成,认为生物体在一生中由于外界环境的影响或器官的用与不用所造成的变化只表现于体质上,而与种质无关,环境引起的体质变异即获得性状是不遗传的。日本学界认为体力是体质和体力的通称,体力(体质)分为行动体力和防御体力,并且,日本学生体质测试不仅包含身体形态、机能、素质的测试,还包括吃早餐、睡眠时间、看电视、运动情况的调查等。

3. 我国当代体质概念

《辞海》中的体质的概念是:人体在遗传性和获得性的基础上表现出来的功能和形态上相对稳定的固有特性。掌握人的体质特点对于了解疾病的发生、身体发展规律具有一定的意义。《现代汉语辞海》中关于"体"的主要含义有[1]:①人或动物的全身或部分;②事物的整体、形态、规格、规矩;③书写或文章的表现形式;④亲身经历或实践;⑤为他人着想。

1982年中国体质研究会和《学校体育大词典》关于体质给出的概念是:体质指人体的质量,它是人体在先天遗传性和后天获得性基础上所表现出来的形态结构,生理功能,心理因素,身体素质,运动能力等方面综合的、相对稳定的特征。此处是人体的质量而非身体的质量,因为人是身心兼具,而不仅是指身体;"质量"一词既包括"质",即构造、性质,如肌肉类型是红肌主导还是白肌占优,又包括"量",即数量,如人体红细胞含量。人体的质量是质与量的有机结合。

二、体质与体能的关系

探讨体质与体能的关系是在社会体育(体育理论)和竞技体育(运动训练)背景下进行的,根据运动训练界田麦久教授的理论,运动员的竞技能力包括五部分:体能、技能、战术能力、心理素质、运动智力。其中体能包括:①身体形态;②身体机能;③身体素质。其中身体素质包括:①力量素质;②速度素质;③耐力素质;④灵敏素质;⑤柔韧素质。

通过对上述概念的分析显然可以得出:体质=体能+心理素质,即体质由体能和心理素

---

[1] 现代汉语辞海编委会.现代汉语辞海[M].北京:光明日报出版社,2002.

质构成。体能是体质的一部分。

三、体质与健康的关系

根据 WHO(World Health Organization,世界卫生组织)1948 年在其章程中关于健康的定义:"健康不是自我感觉良好的状态,健康是个体在身体上、精神上、社会上完全安宁的状态,而不仅仅是没有疾病。"即健康是一种立体状态:身体健康、心理健康、良好的社会适应。后来又加了道德健康。因此反映健康也应从这四方面体现。健康的英文"health"本意为"安全的,完美的,结实的"。健康是一种良好状态,同样健康的人,体质各不一样,有文献[1]认为:体质＝健康＋体力,健康是与疾病相对的,并且其类别中还有第三状态(亚健康),体质有好差之分,既有好体质,也有差体质,健康就是好体质状态,疾病就是差体质状态,不能以点盖面,因此上述文献的观点值得商榷。

我国现行的学生体质健康测试的测试内容,以大学生体质健康测试为例,5 项中身高体重属于形态结构指标,肺活量属于生理功能指标,坐位体前屈、50m 和 1000/800m 属于身体素质指标。体质应包括身、心两个方面,但目前对体质心理方面的构成要素还不清楚,加之心理测量技术方面的原因,当前的体质测定只能局限在身体方面,此现象反映出两个问题:一是体育理论与实际的脱节——心理和社会适应方面的测试指标现实体测并未涉及;二是体测理论尚未满足现实实际的需求——心理测试部分在实际中未能普及实施。健康和体质都是不断变化的,健康是体质反映良好的一种状态。

四、体质与体力的关系

李金龙等给出体力的概念是[1]:人体所具有的物质力量,即人体活动时肌肉收缩所产生的一种力量。体质与体力的区别见表 8-1。

表 8-1　体质与体力辨析

	体质	体力
主要内容	身体形态指标,机能指标,身体素质指标,运动能力指标,心理因素指标	肌力指标,爆发力指标,耐力指标,柔韧指标,平衡性指标,灵敏性指标
研究对象	全体正常国民	体育活动中的人
研究目的	增强人的体质,促进人的身心全面发展,反馈信息,为制定相应的方针政策提供依据,为大众健身活动提供指导	为提高身体运动能力提供依据
主要影响因素	先天遗传和后天因素	后天因素:体育锻炼和营养状况影响

可见,体质与体力的概念是有交叉部分的,体质范围更大,包含体力的概念,二者的关系是紧密联系的,既有相同点又有不同点。

---

[1] 李金龙,刘宗立.社会体育概论[M].南宁:广西师范大学出版社,2005.

五、体质与体适能的关系

1879年美国学者Dudley Sargent通过制定适合个人的运动处方,以增进学生体质,改善器官功能而最早提及体适能概念。发展到20世纪80年代后期,全美健康、体育、娱乐与舞蹈联盟将体适能内容定位为文化适能、精神适能、情绪适能、社会适能和身体适能(身体适能方面我国学者研究较多,这也是存在"身体适能＝体适能＝体能"误区的原因)等5个方面。

尹彦丽将体适能概念研究总结分为三类。第一类是全美健康、体育、娱乐与舞蹈联盟将体适能内容确定为身体适能、情绪适能、社会适能、精神适能、文化适能;第二类是美国运动医学学会、港台学者将体适能分为竞技体适能和健康体适能;第三类是世界卫生组织对体适能的定义:体适能是指除了应付日常工作之余,身体不会感到过度疲倦,并且还有余力去享受休闲及应付突发事件的能力。类似的,我国学者张建平认为体适能是指身体有足够的活力和精神进行日常事务,而又不会过度疲倦,还有足够的精力享受余暇活动和应付突发的紧张事件的能力。

值得注意的是,理论与实践操作的差异,如在实践操作中,20世纪中后期美国体适能与竞技体育总统委员会确立了体适能的相关要素及测试指标,即以心肺功能、身体成分、身体各部分力量和耐力为主要测量对象的项目和标准。在体适能五方面内容里面这仅仅是身体适能一方面,这与我国体质的理论与实践操作存在的差异类似。

综上,存在这样的不等式:体能≤体适能,体能＜体质。从我国体质理论体适能实践角度,体适能＜体质。从体质理论体适能理论角度,体质与体适能的关系是并列关系,交叉而不相同。

第二节　体质测定与监测

国际上最早对体质健康评价进行研究的是两个国际组织:国际体力研究委员会(ICPER)和国际生物学发展规划理事会(IBP)。两个组织先后制定了各自的评价指标体系,世界各国制定的本国体质健康评价指标都源自于这两个评价指标体系。国外学生体质测试的趋势是趋于相同。据文献[①]记载,我国最早进行体质测试的学校是1912年的清华学堂,建立了对学生体格检查的制度,其中包括了体力测验、体型检查、医学检查等内容。

---

① 叶宏开.体魄与人格并重:清华大学百年体育纪略[M].北京:清华大学出版社,2011.

一、国外学生体质健康测试概况[①]

1.美国学生体质健康测试概况

1954年,美国对本国学生与欧洲同龄人的体质健康状况数据进行了比较,发现美国的不合格率竟然远高于欧洲。这引发美国全社会对学生体质的强烈关注。当时的艾森豪威尔总统为此专门成立了青年体质总统委员会(现更名为体质与运动总统委员会)。该测试系统的测试指标包括1英里跑/走、体脂含量、身体质量指数(BMI[②])、坐位体前屈、仰卧起坐、引体向上和曲臂悬垂。

2.俄罗斯学生体质健康测试概况

俄罗斯1999—2006年调查数据发现公民平均寿命比发达国家低10~12岁,学生体质下降,制约军队发展,学生身体训练指数只达1960—1970年的60%。社会对于恢复劳卫制的呼声日益高涨。2014年3月,现任俄罗斯总统普京签署总统令恢复"劳卫制"。

现行的俄罗斯"劳卫制"的测试内容主要分为必测内容与选测内容。必测内容以速度、耐力、柔韧等方面为考核内容,根据不同年龄组别的区别性设定考核指标。选测内容主要包括实用技能、速度力量和协调能力的测验,其中实用技能包括1~5km滑雪、1~5km越野跑,10~50m游泳和射击等,速度力量类包括立定跳远、掷球等项目,协调能力包括6m定点掷网球等,合计29项。项目内容较为广泛,冬夏季项目均有涉及。

俄罗斯对学生及40岁以下的人群分设金、银、铜牌标准,40岁以上人群则简单设为合格与不合格两档。同时参加必测项目和选测项目的测试才有可能获得劳卫制金、银、铜奖章。

3.日本学生体质健康测试概况

日本将体力和体质通称为体力,体力与运动能力评价中学生的指标也更为系统全面:握力、仰卧起坐和立定跳远分别是测定学生的上肢力量、腹肌力量和下肢力量的指标;坐位体前屈测试学生身体的柔韧性;反复横跨、20m往返跑和立定跳远可以反映受试者的灵敏性和爆发力;长跑考查了学生的耐力;掷球则反映全身的协调能力。

4.欧盟学生体质健康测试概况

欧洲各国在体质健康测试中的测试内容主要集中于身体成分,有氧能力,肌肉力量和肌肉耐力,柔韧性以及速度与平衡方面。测试项目有:逐步加快速度的穿梭跑、PWC170测试、握力计、立定跳远、单杠悬垂、仰卧起坐、10×5m跑、两臂交叉运动、坐位体前屈、测定身高、

---

① 孙双明,叶茂盛.美、俄、日和欧盟学生体质健康测试概述[J].北京体育大学学报,2017(3):87-91.

② BMI是Body Mass Index的缩写,即体质指数,该概念是由19世纪中期的比利时通才凯特勒最先提出的。它的定义如下:体质指数(BMI)=体重(kg)÷身高^2(m^2)。BMI是世界公认的一种评定肥胖程度的分级方法。

量体重、测定 5 种皮肤—脂肪皮褶。

二、体质测定的概念

1. 体质的概念及主要内容[1]

体质就是人体的质量,是人的生命活动和劳动、工作能力的物质基础。它是在遗传性获得性的基础上,表现出来的人体形态结构、生理功能和心理素质的综合的相对稳定的特征。其主要内容是:

(1)身体形态发育水平,包括人的体格、体型、身体姿态等。

(2)生理机能水平,包括心率、肺活量、血压等指标。

(3)身体素质和运动能力水平,主要是运动中表现出来的 5 项素质:速度素质、耐力素质、力量素质、灵敏素质、协调素质。

(4)适应能力,包括对自然环境、社会环境、各种生活紧张事件的适应能力,以及疾病和其他有损健康的不良因素的抵抗能力。

(5)心理发育水平,含个性心理和心理过程,包括智力、情感、行为、感知觉、意志、个性、性格等。

2. 体质测定

李金龙等认为体质测定是指对国民体质的特征进行监测计量并对其结果加以判断判定的过程。

3. 体质监测

体质监测:对国民体质进行有计划的、连续的、系统的测定和观察。

国民体质监测是指国家为了系统掌握国民体质状况,以抽样调查的方式,按照国家颁布的国民体质监测指标,在全国范围内定期对监测对象统一进行测试和对监测数据进行分析、研究[2]。国民体质监测对象为 3～69 周岁的中国公民。按年龄分为幼儿、儿童青少年(学生)、成年和老年等四组人群。国民体质监测工作的任务是:对监测对象进行体质测试;建立国民体质数据库;统计与分析监测数据;公布监测结果,为相关工作决策和研究提供服务。

2000 年国家体育总局会同 10 个国家有关部门对我国 3～69 岁的国民进行了首次全国性体质监测。此后,国家体育总局组织专家利用这次测试的数据在《中国成年人体质测定》测定的基础上,制定了《国民体质测定标准》(以下简称《标准》,见表 8-2)。

[1] 李金龙,刘宗立. 社会体育概论[M]. 南宁:广西师范大学出版社,2005.
[2] 国家体育总局. 国民体质监测工作规定[EB/OL]. [2003-12-8]. http://www. sport. gov. cn/n16/n41308/n41323/n41345/n41426/n42527/n42587/171387. html.

表 8-2 各年龄段体质测定指标

类别	测试指标	幼儿 (3～6 岁)	学生 (7～18 岁)	成年(甲) (18～39 岁)	成年(乙) (40～59 岁)	老年 (60～69 岁)
形态	身高	√	√	√	√	√
	体重	√	√	√	√	√
机能	肺活量		√	√	√	√
	台阶试验		√	√	√	√
素质	握力		√	√	√	√
	坐位体前屈	√	√	√	√	√
	闭眼单足立		√	√	√	√
	选择反应时		√	√	√	√
	立定跳远	√	√			
	50m		√			
	背力		√			
	纵跳			√		
	俯卧撑(男) 仰卧起坐(女)			√		
	10m 折返跑	√				
	网球掷远	√				
	双脚连续跳	√				
	走平衡木	√				
合计测试指标数		8	9	10	8	7

制定并施行《标准》是为了运用科学的方法对国民个体的形态、机能和身体素质等进行测试与评定,并指导国民科学健身,推动全民健身活动的开展,提高全民族的身体素质。

我国部分地区如深圳市在国民体质测定中还增加了人体成分、人体骨密度、儿童青少年骨龄测试与分析,以及人体健康量子生物检测等多项内容。

三、国民体质测定年龄组的划分

《标准》适用于 3～69 周岁的国民。按周岁年龄划分成幼儿(3～6 岁)、学生(7～18 岁)、成年人(18～59 岁)和老年人(60～69 岁)4 个年龄段,其中学生标准为《学生体质健康标准》,由教育部公布。

四、参加体质测试应注意的事项

(一)一般人群体质测试注意事项

体质测定的对象是身体无器质性疾病、发育健全、无明显生理缺陷的正常人。心脏病、高血压、呼吸系统疾病等患者不参加测定。近期患过高烧、腹泻等急慢性病,体力尚未恢复者应推迟测定。参加测定者不能空腹测试,应穿着便于运动的衣服和鞋。

(二)大学生体质健康测试的注意事项

1. 服装

(1)尽量穿运动服装,着运动鞋,运动鞋轻便合脚为宜,跑前需系紧鞋带、运动裤合身略宽松为宜,裤带松紧适当可调。

(2)袜子应选干净、透气的棉质运动袜,便于吸汗,同时不打滑便于发力。

(3)别针、钥匙等坚硬物品要取下,手机等个人财务妥善保管。

2. 饮食

测试当天饮食七八成为宜,不能过饱,切勿不吃,以易消化高热量食物为主,如面包、鸡蛋、八宝粥等,运动前30min之内最好不吃任何食物,以免加重肠胃负担,影响运动。在测试前勿大量喝水,测试前可象征性地喝口水,润润喉,放松心情。

3. 作息方面

早睡早起,保持良好的精力与体力。

4. 测试前

测试前要解决大小便,轻装上阵。认真阅读测试说明及注意事项。做好热身(微出汗为宜),压腿、压腰、转体、短距离加速跑等。

5. 测试中

适度紧张有利于良好成绩的获得,过度紧张不利于自身水平的发挥。1 000m测试时,根据个人情况确定跑步节奏、呼吸节奏(两步一呼或三步一呼,鼻吸口呼等)、前后摆臂等。在测试时,要团结互助,加油鼓励。过终点后宜走(慢跑)一会,促进体力恢复,注意保暖,切勿立即坐下(防止重力性休克)。

6. 测试后

结束后要及时注意保暖。宜拍腿、抖肩,按摩大肌肉群做放松整理运动。补水原则是少量多次,测试结束后切勿立即饮用大量水或冰冻饮料。

五、体测中常见的问题[①]

1. 怎样评价身高和体重

此数据可评价出人体的发育匀称程度。理想身材应表现为身体匀称、结实。身高反映人体骨骼生长发育和人体纵向高度的主要形态指标。体重是反映人体横向生长情况的指标。它可以间接地反映人体营养状况。通过计算身高、体重、身体其他部位比例关系,可反映人体生长发育程度。成人的BMI数值范围是:过轻(低于18.5),正常(18.5~23.9),过重

---

① 部分数据源自深圳市体育局的调查数据。

(24～27),肥胖(28～32),非常肥胖(高于 32)。由于 BMI 没有把一个人的脂肪比例计算在内,存在评价漏洞。如一个健身达人,由于体重里肌肉比例大,BMI 指数会超过 24。如果他们身体的脂肪比例很低,那就不需要减重。因此,BMI 的角色也慢慢改变,从医学上的用途,变为一般大众的纤体指标。

2.怎样评价肺活量

肺活量(Vital Capacity,VC)是指一次尽力吸气后,再尽力呼出的气体总量。肺活量是一项机能类指标,它是检测肺通气能力的指标,可以反映出受测者呼吸系统的功能。如《标准》规定,男子 35～39 周岁,肺活量超过 4 349mL 为 5 等优秀,3 210～3 739mL 为 3 等合格;同样年龄的女子,3 159mL 以上为 5 等优秀,2 250～2 6749mL 为 3 等合格。肺活量与性别、年龄、身高、体重以及体育锻炼水平有关。坚持体育锻炼,可以使肺活量增加。吸烟较多的人,肺活量会降低。

常见简便易行的方法有:坚持抬头、挺胸、直腰的正确姿势,在日常生活中,无论坐、站或走路,如能长期坚持挺胸、抬头、直腰的姿势,坚持参加适当的体力活动,坚持每天做扩胸动作,肺活量可增加。防止烟雾损害肺部。人居环境要保持通风换气,晴好天气常开窗户,保持空气清新。

3.怎样评价心肺功能

心肺功能是人体心脏泵血及肺部吸入氧气的能力,有氧运动可有效锻炼心肺功能。一般来说,中等强度运动消脂功能最好,经常坚持体育锻炼,特别是坚持骑车、游泳、爬楼梯、慢跑、快速走路、爬山等项目锻炼,可以提高心肺功能。每周从事这类运动 3～4 次,每次 30min,效果较好。

4.怎样评价坐位体前屈

坐位体前屈(Sit and Reach)是大、中、小学体质健康测试项目,它的测试目的是测量在静止状态下的躯干、腰、髋等关节可能达到的活动幅度。坐位体前屈主要能反映躯干与髋关节灵活性,躯干与髋关节活动幅度越大灵活性越强。柔韧素质对提高运动技术和技能,防止运动创伤等都有积极的作用。成年人随着年龄的增长其柔韧性会逐渐变差,但是经常参加体育运动的人,特别是常做弯腰、压腿等柔韧性练习的人,可以维持或提高身体柔韧程度。

5.怎样评价腿部肌肉力量

立定跳远、纵跳可反映出受测者下肢肌肉的爆发力量及动作的协调性。立定跳远的成绩随着年龄的增长而逐步提高,成年人随着年龄的增长或因长期缺少体育锻炼,肌肉力量会逐渐减退,纵跳的高度会下降。立定跳远与纵跳较差的人,平时应注意加强锻炼。深蹲跳有助于提高下肢肌肉爆发力,原地提踵、跳绳有助于提高动作协调性。

6.怎样评价成年男子的俯卧撑

俯卧撑(伏地挺身,掌上压),是一种常见的健身运动,有助于增加胸大肌锻炼效果,它主要反映受测者的上肢力量和腰腹肌肉的力量,反映人体上肢、肩背部肌肉力量。使用垫子测试时,受试者两手直臂撑地,腰腹紧张用力,身体成一条直线,屈臂使身体平直下降使肩肘同一高度,如此循环往复为一次。

7.怎样评价女性的腰腹部肌肉力量

仰卧起坐是一种锻炼身体的方式。开始时成坐姿,双手抱头,双膝弯曲,肘触膝盖,然后仰卧,背部贴地,两手抱头,利用腹肌收缩,两臂向前摆动,迅速成坐姿,上体继续前屈,两肘触膝面,为一次。成年女子、特别是生育后的妇女,经常做仰卧起坐可以减去腹部多余的脂肪,增强腹部肌肉的力量,保持原有的匀称身材。

8.怎样评价平衡能力

闭眼单脚站立是通过测量人体在没有任何可视参照物的情况下,仅依靠大脑前庭器官的平衡感受器和全身肌肉的协调运动,来维持身体重心在单脚支撑。支撑的时间越长得分越高,平衡能力越强。做的时候要求闭眼或戴上眼罩,双手叉腰,单脚着地,另一只脚抬起,大腿与地面平行。对中老年而言经常参加体育锻炼的人神经系统的控制能力和平衡能力能保持相对稳定,减少缓慢。

六、老年人体质测定与监测[①]

1.分组和年龄范围

60～69岁称为低龄老人,70～79岁称为中龄老人,80岁以上称为高龄老人。《国民体质测定标准》(老年人部分)的适用对象为60～69周岁的中国成年人,按年龄、性别分组,每5岁为一组,男女共计4个组别。

2.年龄计算方法

测试时已过当年生日者:年龄＝测试年－出生年。

测试时未过当年生日者:年龄＝测试年－出生年－1。

3.测试指标

测试指标包括身体形态、机能和素质三类(见表8-3)。

表8-3　测试指标

类　别	测试指标
形　态	身高、体重
机　能	肺活量
素　质	握力,坐位体前屈,选择反应时,闭眼单脚站立

4.评定方法与标准

采用单项评分和综合评级进行评定。

① 国家体育总局.国民体质测定标准手册(老年人部分)[EB/OL].[2003-12-8].http://www. sport. gov. cn/n16/n41308/n41323/n41345/n41426/n42527/n42587/171311.html.

单项评分包括身高标准体重评分和其他单项指标评分,采用5分制。

综合评级是根据受试者各单项得分之和确定,共分4个等级:一级(优秀)、二级(良好)、三级(合格)、四级(不合格)。任意一项指标无分者,不进行综合评级(见表8-4)。

表8-4 综合评级标准

等 级	得 分
一级(优秀)	>23分
二级(良好)	21~23分
三级(合格)	15~20分
四级(不合格)	<15分

七、成年人体质测定与监测[①]

1.分组和年龄范围

《国民体质测定标准》(成年人部分)的适用对象为20~59周岁的中国成年人,按年龄、性别分组,每5岁为一组,男女共计16个组别。

2.年龄计算方法

测试时已过当年生日者:年龄＝测试年－出生年。

测试时未过当年生日者:年龄＝测试年－出生年－1。

3.测试指标

测试指标包括身体形态、机能和素质3类(见表8-5)。

表8-5 测试指标

类 别	测试指标	
	20~39岁	40~59岁
形 态	身高、体重	身高、体重
机 能	肺活量、台阶试验	肺活量、台阶试验
素 质	握力	
	俯卧撑(男)	
	1min仰卧起坐(女)	握力
	纵跳	坐位体前屈
	坐位体前屈	选择反应时
	选择反应时	闭眼单脚站立
	闭眼单脚站立	

4.评定方法与标准

采用单项评分和综合评级进行评定。单项评分包括身高标准体重评分和其他单项指标

[①] 国家体育总局.国民体质测定标准手册(成年人部分)[EB/OL].[2003-12-8].http://www.sport.gov.cn/n16/n41308/n41323/n41345/n41426/n42527/n42587/171344.html.

评分,采用 5 分制。综合评级是根据受试者各单项得分之和确定,共分 4 个等级:一级(优秀)、二级(良好)、三级(合格)、四级(不合格)。任意一项指标无分者,不进行综合评级(见表8-6)。

表 8-6　综合评级标准

等　级	得　分	
	20～39 岁	40～59 岁
一级(优秀)	＞ 33 分	＞ 26 分
二级(良好)	30～33 分	24～26 分
三级(合格)	23～29 分	18～23 分
四级(不合格)	＜ 23 分	＜ 18 分

八、幼儿体质测定与监测①

1.分组和年龄范围

《国民体质测定标准》(幼儿部分)的适用对象为 3～6 周岁的中国幼儿。按年龄、性别分组,3～5 岁每 0.5 岁为一组;6 岁为一组。男女共计 14 个组别。

2.年龄计算方法

(1)3～5 岁者:

测试时已过当年生日,且超过 6 个月者:年龄＝测试年－出生年＋0.5。

测试时已过当年生日,且不满 6 个月者:年龄＝测试年－出生年。

测试时未过当年生日,且距生日 6 个月以下者:年龄＝测试年－出生年－0.5。

测试时未过当年生日,且距生日 6 个月以上者:年龄＝测试年－出生年－1。

(2)6 岁者:

测试时已过当年生日者:年龄＝测试年－出生年。

测试时未过当年生日者:年龄＝测试年－出生年－1。

3.测试指标

测试指标包括身体形态和素质两类(见表8-7)。

表 8-7　测试指标

类　别	测试指标
形　态	身高、体重
素　质	10m 折返跑、立定跳远、网球掷远、双脚连续跳、坐位体前屈、走平衡木

4.评定方法与标准

采用单项评分和综合评级进行评定。单项评分包括身高标准体重评分和其他单项指标

① 国家体育总局.国民体质测定标准手册(少儿部分)[EB/OL].[2003-12-8].http://www.sport.gov.cn/n16/n41308/n41323/n41345/n41426/n42527/n42587/171330.html.

评分,采用 5 分制。综合评级是根据受试者各单项得分之和确定,共分 4 个等级:一级(优秀)、二级(良好)、三级(合格)、四级(不合格)。任意一项指标无分者,不进行综合评级(见表 8-8)。

表 8-8　综合评级标准

等　　级	得　　分
一级(优秀)	＞ 31 分
二级(良好)	28～31 分
三级(合格)	20～27 分
四级(不合格)	＜20 分

第三节　不同人群体质的抽样调查和我国国民体质监测情况

一、不同人群体质的抽样调查[①]

(一)青壮年人群

2010 年王洁对泰州市 20～39 岁成年人体质现状、年龄、性别、城乡差异及影响因素研究发现[②],泰州市男性 25 岁后体重、BMI(身体指数)、WHR(Waist-to-Hip Ratio,腰臀比)上升;30 岁后血压、握力升高、爆发力下降;35 岁后身高、反应力、耐力下降。女性 30 岁后BMI、WHR、上肢力量升高,腰腹肌力下降;35 岁后体重、胸围、收缩压上升,肺活量、平衡、爆发力下降。城镇体力劳动者优秀率高,不合格率低;非体力劳动者的不合格率高;农民的体质总分、优秀率低。女性的体质总分高,生活习惯好。王洁建议:①成年人 25 岁后需保持适宜体脂,35 岁后要加强力量、肺活量、反应力、平衡等各项能力的训练。城镇非体力劳动者需增加力量素质锻炼,农民需注意反应力、平衡能力、爆发力和耐力等综合素质的训练。②体力活动中等水平的人体质评价高,建议 30～34 岁的成年人、男性与城镇非体力劳动者增加体力活动量。③肥胖问题值得关注,尤其农民体脂率超标,建议农村增加营养宣传和体育设施。

类似的,深圳市体育局研究人员发现深圳男性青壮年每 4 人就有一位不同程度的肥胖者。肥胖人容易患高血压、冠心病、动脉粥样硬化、糖尿病等"富贵"病。

运动对策:长距离慢跑、自行车郊游、水中走或跑和减肥操等,通过身体运动,有助于消除血液中的甘油三酯、胆固醇、各种代谢毒素,使脂质不容易在血管壁、内脏表层和皮下等部位沉积,减少"富贵"疾病的发生,恢复和保持正常的体重。

---

① 部分数据源自深圳市体育局的调查数据。
② 王洁.2010 年泰州市 20～39 岁成年人体质研究[D].南京:南京师范大学,2012.

运动强度一般以中等或中等偏下的有氧运动为主。以长距离跑为例,在运动初期,运动强度不宜过大,运动心率应控制在 130 次/min 以下;每周运动 3～5 次,每次 40～60min;时间可选在早晨或晚上;地点宜选在安全的场所如体育场、公园、湖边等,体重特别重的人要注意,开始运动时强度以中、偏小为好,不要过多做高冲击动作(上下大台阶),以免因膝关节、脚关节等部位受力过重而受伤。

(二)女性青年人群

深圳市国民体质测定发现,深圳女子 20～34 岁体重偏轻比例较高。深圳女子认为无论求职、择业、交友、公关,能保持良好的身材和线条,均会收到积极的效果。所以注重节食和减肥,甚至以此为时尚。然而此过程易走两个极端,首先节食、减肥不科学,宁愿饿死不愿胖死,甚至依赖减肥药物(泻药等)等;其次,对体育认识失颇,存在体育锻炼容易腿粗等错误认识。此方面的直接后果是导致身体缺乏蛋白质、脂肪类等必需成分,甚至出现生理功能紊乱,造成月经周期不正常等亚健康或病态后果。

干预对策:①注重饮食营养结构。常言道:早吃好、午吃饱、晚吃少。各餐摄取热量比例宜为:早餐占 25％、午餐占 45％、晚餐占 30％。三大营养素比例是:碳水化合物占 50％、蛋白质占 20％、脂肪占 30％;②积极体育锻炼。进餐 1h 后再运动,少量多次合理补充水分。

(三)在校学生人群

2012 年尹小俭等以 6 次全国学生体质调查资料,分析我国大学生 20 多年来体质变化趋势,结果发现:男女大学生在身高上逐年增高,城市大于农村,二者差距逐渐缩小,男女体重逐年增加,身体指数方面城市男生大于农村男生,农村女生大于城市女生;肺活量、50 m 跑及耐力跑男女均随着年代推移呈下降趋势,大学生耐力跑成绩农村优于城市;男女生立定跳远,耐力跑及肺活量指数成绩呈下降趋势[①],并且除了立定跳远外,我国大学生身体素质呈下降趋势;超重及肥胖影响了我国大学生体质健康的发展。

张子龙等[②]从 2010 年全国学生体质与健康调研资料中抽取中小学生 215 319 名,研究发现我国中小学生体质状况不容乐观,我国 7～18 岁中小学生体质健康综合评分及格率为71.3％,男生(74.2％)高于女生(68.4％),乡村学生(72.6％)高于城市学生(70.0％)。男、女生及格率均随年龄增长呈下降趋势;社会经济水平高的地区学生及格率高于社会经济水平低的地区,学校体育课时充足的学生及格率(76.0％)高于体育课时不足的学生(65.9％),每天写作业≤2 h 学生及格率(68.1％)高于每天写作业>2 h 学生(62.3％),每天看电视、用计算机和玩游戏时间>2 h 学生及格率(62.7％)低于≤2 h 学生(66.7％),中小学生体质受社会经济水平、学校体育课时、超重肥胖、体育锻炼时间和静态体力活动时间等因素影响。

从深圳市体育局对 3～18 岁的人群测试结果看,深圳 21 世纪初"小胖墩"的最高比例出

① 尹小俭.中国大学生体质健康变化趋势的研究[J].北京体育大学学报.2012,35(9):79-87.
② 张子龙.中国 2010 年中小学生体质健康现状分析[J].中国学校卫生,2013(2):142-146.

现在 3～6 岁的女幼儿人群中,占同人群的 17.2％;其次是 7～12 岁的小学男生体重超标者,占同人群的 17％。营养过剩和运动不足是造成单纯性肥胖的主要原因。肥胖症给青少年儿童带来一系列不良影响,也为他们成年后引发多种相关的疾病遗下隐患。

深圳市体育局给予的干预对策是:首先学校应高度重视健康问题;其次学校需制订一个包括膳食控制、合理运动(项目方法、强度要求、能量消耗、体重测定)的详细计划,并尽快给予实施;第三,建议深圳肥胖儿童采用中等强度有氧运动。以定量长跑为例,跑速应在 100～140m/min,运动心率控制应在 120～130 次/min 之间,运动频率应保持在每周 5～7 次,每次运动 1～2 组,每组 30～45min,每组中间可以休息2～3min。定量长跑的有效性表现为身体开始发热、微微出汗,注意保持这种状态 10min 或更长。运动之后,注意合理饮水。中等强度有氧运动有慢跑、定量长跑、长距离游泳、山路行走、蹬阻力自行车等项目。

(四)老年人群

李莎对 2014 年四川省 60～69 岁老年人体质状况进行分析,得出以下结论[①]:

(1)身体形态上,四川省 60～69 岁老年人身高、体重、胸围、臀围和 3 个部位皮褶厚度均值随年龄的增长而减小;城镇男女老年人各项身体形态指标均高于乡村;四川省老年人身体形态平均值低于全国水平;2014 年四川省老年人除身高和 3 个部位皮褶厚度外,各项身体形态指标平均值明显高于 2000 年。

(2)身体机能上,四川省 60～69 岁老年人收缩压随年龄增长而升高,舒张压、肺活量随年龄增长而下降;城镇男女老年人心肺功能指标总体好于乡村;安静脉搏、收缩压均值高于全国水平,肺活量均值低于全国水平;2014 年四川省老年人各项身体机能指标平均值明显低于 2000 年。

(3)身体素质。除坐位体前屈外,男性老年人的各项身体素质均高于女性;城乡之间,除乡村男性老年人柔韧性好于城镇外,其他各项指标均城镇好于乡村。与 2000 年监测结果比较,男女老年人反应能力、女性老年人柔韧性呈明显上升趋势,其他各项身体素质 2014 年均有下降。

(4)体质合格率。从四川省老年人体质综合评价看,60～69 岁老年人体质合格率为 77.50％;与 2000 年比较,2014 年合格率下降 3.8％。

西安建筑科技大学魏文等对西安市老年人体质及社区体育状况调查发现[②]:①西安市老年人能经常性坚持体育锻炼的人接近 1/3,偶尔参加一些锻炼的约为 1/2。其中女性不参加体育健身近 1/4;不参加体育健身的主要原因是社区健身设施匮乏(64.3％)、健身场所离住宅远、不方便(53.1％);②西安市老年人每天参加锻炼的时间在 30 min 左右的占 48.3％,60 min 的占 28.8％,60 min 以上的占 18.7％,还有极少部分的老年人每天锻炼时间在 15 min 以内。锻炼频率每周 1～2 次的占 22.7％,3～4 次的占 65.3％,5～6 次的占 10.7％;

---

① 李莎.四川省 60～69 岁老年人体质现状——基于 2014 年体质监测数据的分析[D].成都:成都体育学院,2016.

② 魏文,闫斌.西安市老年人体质及社区体育状况调查[J].中国老年学杂志,2014(24):7056-7058.

③知道并清楚健身意义的占 83.2%，知道但是不是很了解的占 13.6%，不了解的占 3.2%，另外，女性不了解健身意义的比例高于男性；65 岁以上老年人群不了解健身意义的比例高于 60～64 岁；④西安市老年人以散步、慢跑占主要形式。他们的结论是：老年人的柔韧素质、平衡能力、神经肌肉系统的反应和动作的综合能力随着年龄增长而降低。

二、近年来我国国民体质监测情况①

2014 年国家体育总局、教育部、科技部、国家民委、民政部、财政部、农业部、卫生计生委、国家统计局、全国总工会等 10 个部门联合在全国 31 个省（区、市）进行了第四次国民体质监测工作，上一次进行类似全国性体质监测还要追溯到 2010 年。本次国民体质监测工作由国家体育总局负责实施幼儿、成年人和老年人群的体质监测工作；教育部负责实施儿童青少年（学生）的体质监测工作。

国家体育总局、教育部 2015 年 11 月在京公布 2014 年国民体质监测公报。公报显示：肥胖增幅降低，趋势依然明显，国民体质总体水平有所增长，但无论是青少年学生人群还是成年人、老年人人群中，超重肥胖现象依然呈现持续增长的势头。

公报显示，自 2000 年以来，我国国民各年龄组人群的身高、体重、皮褶厚度等指标呈持续增长趋势，但体重、皮褶厚度等指标增长幅度大于身高。超重与肥胖问题已经成为影响我国成年人、老年人群体质的突出问题。在 7～22 岁青少年学生人群中，各年龄段肥胖检出率持续上升，其中男生肥胖率明显高于女生。成年人群的最大力量下降，尤为突出的是成年男性的握力、背力等指标下降明显，表明我国成年人的力量呈持续下滑趋势。

2014 年国民体质主要变化特点有以下几点。

（一）国民体质总体水平有所增长

调查数据表明，与 2010 年相比，我国国民体质的总体水平有所增长。主要反映在两方面：①2014 年国民体质总体合格率（即达到"合格"等级以上的人数百分比）有所增长，增长了 0.7 个百分点。并且不同年龄、性别以及城乡人群均呈现增长趋势，特别是乡村人群和女性人群的增长尤为明显。反映我国国民达到体质测定标准"合格"等级以上的人口数增加。②反映全人口体质各指标总体变化程度的"国民体质综合指数"总体水平也有所提高，总体增长了 0.15。从三大分类指数来看，身体机能指数和身体素质指数均有所增长，其中身体机能指数增幅最大，为 1.13，身体素质指数为 0.01，而身体形态指数却下降了 0.01。身体形态指数的下降主要与体重超重和肥胖有关。

（二）各人群体质总体水平增长，成年男性有所降低

幼儿、老年人和女性人群的体质总体水平呈现增长趋势，在达到"合格"等级以上的人数

---

① 国家体育总局.2014 年国民体质监测公报[EB/OL].[2015-11-25].http://www.sport.gov.cn/n315/n329/c216784/content.html.

百分比和体质综合指数两方面均有所增长,特别是3~6岁幼儿增长幅度比较明显。需要指出的是,虽然我国国民体质的总体水平有所增长,但男性成年人的状况并不乐观,在这两方面数据均有所下降。

(三)身体形态水平持续增长,超重肥胖增幅降低

2014年各年龄组的身高、体重、胸围、皮褶厚度等身体形态指标平均数比2010年均有所增长。自2000年以来,我国国民各年龄组人群的身高、体重、皮褶厚度等指标呈持续增长趋势,但体重、皮褶厚度等指标增长幅度大于身高。

根据我国颁布的BMI各等级划分标准评估,数据表明,2014年成年人和老年人的超重率分别为32.7%和41.6%,比2010年分别增长0.6和1.8个百分点;成年人和老年人的肥胖率分别为10.5%和13.9%,比2010年分别增长0.6和0.9个百分点。超重与肥胖问题已经成为影响我国成年人、老年人群体质的突出问题。但从数据来看,近4年来,超重与肥胖检出率的增长幅度有所减缓。

(四)身体机能和身体素质水平略有增长,但反映最大力量的握力指标继续下降

"国民体质综合指数"的结果显示,身体素质类指标总体水平略有增长,反映在各指标的状况是:40岁以下人群爆发力、40~59岁人群的反应能力、50岁以上人群的柔韧性等身体素质有所增长。女性各年龄组的肺活量全面提高,60~69岁女性除反应能力以外,其他身体素质指标均小幅度提高。

数据显示,20~59岁各年龄组人群握力、背力呈现下降趋势。成年人群的最大力量下降,尤为突出的是成年男性的握力、背力等指标下降明显,结合2000年以来的数据分析,表明我国成年人的力量呈持续下滑趋势。

第四节 体育运动的步骤与评定方法

法国思想家伏尔泰(Voltaire)提出了"生命在于运动"的格言。准确地讲"生命在于科学运动",并且需要选择好合适的运动方式。同时体育锻炼应遵循基本原则,即从实际出发原则、循序渐进原则、长期性原则、全面锻炼原则。

一、参加体育运动的步骤

凡事预则立不预则废,参加体育锻炼要有计划、有目的,有组织,有步骤,效果才能渐显。

1.准备活动

热身运动功能表现在三方面:①加快组织或器官血液的流动速度,减少器官惰性;②它把心率从休息状态逐步增加到既高又安全的状态,为更剧烈的运动做好准备;③在身体上做好生理和心理上的准备,减少受伤的可能。

正确的热身运动可以防止或减少紧张和肌肉拉伤、酸痛。热身运动一般会使身体和肌肉温度升高,提高人体的运动能力。热身运动自然与要进行的主运动相关。天气越冷,热身运动就应当越长。热身运动时间一般为为5～15min。

同时要做一些伸展运动,正确的伸展运动方法应是配合自然的呼吸做些放松、持续(静止)、集中于肌肉的运动。

2. 主运动

每周锻炼3次以上,每次0.5～1h。需考虑以下4个问题。

(1)运动项目。

(2)运动负荷强度。

(3)每次锻炼组数。

(4)每次锻炼时间。

3. 放松运动

大多数心脏并发症出现于运动停止后。正确的放松运动可以持续地降低心脏速率,降低肌肉酸痛,促进排泄出代谢产物。主要方法有慢走、慢跑、主动(他人或自己)按摩、泡澡等。

许多健身爱好者健身后做一些伸展运动,这可能会提高瞬时心率而不是降低(被动恢复)。人们需要的是主动恢复,这可以让血压和肌肉乳酸更快地降低,并保持肌肉活力。

二、体育锻炼效果的生理评定

体育锻炼的目的是增强体质,提高各器官系统能力,从而促进健康。评定体育锻炼效果的指标有许多,下面介绍常用易操作的指标。

(一)评定体育锻炼效果的简易指标

1. 心率评定

心率(或脉搏)是最常见的检测指标,心率是指心脏每分钟跳动的次数,正常成年人心率为60～100次/min。在台阶测试中人们就是利用心率对身体机能进行评价的。

2. 血压的测定

血压是指流动的血液对血管壁的侧压力,一般常指动脉血压,血压值随心动周期的变化而有不同。血压反映一个人血管弹性是否良好、血管是否年轻。收缩压正常值为110～140mmHg,舒张压正常值为60～90mmHg。血压可用血压计测定。

3. 呼吸频率的测定

人安静时呼吸频率为12～16次/min,安静时人的呼吸是深沉而有节奏的,锻炼时呼吸频率急促粗浅。呼吸频率可以通过胸廓的起伏次数测定。

（二）定量负荷时体育锻炼效果的生理评定

评价体育锻炼效果的常用方法有定量负荷运动试验、递增负荷运动试验、极量强度测试、亚极量强度测试等，测试方法有台阶试验、负荷功率车、场地测试、跑台测试等。现择定量负荷运动形式进行阐述。

1.定量负荷形式

用于评定体育锻炼效果的定量负荷形式主要有：

（1）30s 20次起蹲。测试者以每1.5s 1次的频率做起蹲动作，下蹲时膝关节呈直角，连续做20次，结束后测试脉搏、血压、呼吸频率和恢复时间等数值评定运动效果。

（2）台阶试验。

（3）习惯的体育锻炼方式。在确定运动负荷时，强度不能过大，一般相当于自己最大能力的60%，强度过大，就失去了定量负荷的意义。张翌华，陈乐琴研究发现长期健步走[①]运动可以降低心率（HR），长期健步走运动可以增加心率变异性（HRV），增强机体自主神经系统的调控水平。

2.评定体育锻炼效果的生理指标

评定体育锻炼效果的生理指标主要有以下方面：①心率；②血压；③肺通气量；④恢复时间。

若经过一段时间体育锻炼后，恢复时间缩短，完成运动负荷不像以前那么困难，则表示体育锻炼提高了人体的生理机能。

本章小节

通过本章的学习，应掌握体质、体力、体能等重要概念，了解概念的联系与区别，掌握体质测定的概念与方法。了解老人、中年人等不同人群体测的方法。了解常见体育锻炼效果的生理评定方法。

本章习题

1.简述体质与体力的概念。二者有什么区别与联系？

2.简述目前我国学生体测项目存在的不足，结合实际提出改进建议与措施。

3.简述体质测定的概念与方法。

---

① 张翌华，陈乐琴.健步走运动人群定量负荷运动前后心率变异性研究[J].体育研究与教育，2016（5）：100-103.

附　　录

国务院关于印发全民健身计划
（2016—2020 年)的通知

国发〔2016〕37 号

各省、自治区、直辖市人民政府,国务院各部委、各直属机构：

现将《全民健身计划（2016—2020 年)》印发给你们,请认真贯彻执行。

国务院

2016 年 6 月 15 日

（此件公开发布）

全民健身计划

（2016—2020 年）

全民健康是国家综合实力的重要体现，是经济社会发展进步的重要标志。全民健身是实现全民健康的重要途径和手段，是全体人民增强体魄、幸福生活的基础保障。实施全民健身计划是国家的重要发展战略。在党中央、国务院正确领导下，过去五年，经过各地各有关部门和社会各界的共同努力，覆盖城乡、比较健全的全民健身公共服务体系基本形成，为提供更加完备公共体育服务、建设体育强国奠定坚实基础。今后五年，面对人民群众日益增长的体育健身需求、全面建成小康社会的目标要求、推动健康中国建设的机遇挑战，需要更加准确把握新时期全民健身发展内涵的深刻变化，不断开拓发展新境界，使其成为健康中国建设的有力支撑和全面建成小康社会的国家名片。为实施全民健身国家战略，提高全民族的身体素质和健康水平，制定本计划。

一、总体要求

（一）指导思想。全面贯彻党的十八大和十八届三中、四中、五中全会精神，紧紧围绕"四个全面"战略布局和党中央、国务院决策部署，牢固树立和贯彻落实创新、协调、绿色、开放、共享的发展理念，以增强人民体质、提高健康水平为根本目标，以满足人民群众日益增长的多元化体育健身需求为出发点和落脚点，坚持以人为本、改革创新、依法治体、确保基本、多元互促、注重实效的工作原则，通过立体构建、整合推进、动态实施，统筹建设全民健身公共服务体系和产业链、生态圈，提升全民健身现代治理能力，为全面建成小康社会贡献力量，为实现中华民族伟大复兴的中国梦奠定坚实基础。

（二）发展目标。到 2020 年，群众体育健身意识普遍增强，参加体育锻炼的人数明显增加，每周参加 1 次及以上体育锻炼的人数达到 7 亿，经常参加体育锻炼的人数达到 4.35 亿，群众身体素质稳步增强。全民健身的教育、经济和社会等功能充分发挥，与各项社会事业互促发展的局面基本形成，体育消费总规模达到 1.5 万亿元，全民健身成为促进体育产业发展、拉动内需和形成新的经济增长点的动力源。支撑国家发展目标、与全面建成小康社会相适应的全民健身公共服务体系日趋完善，政府主导、部门协同、全社会共同参与的全民健身事业发展格局更加明晰。

二、主要任务

（三）弘扬体育文化，促进人的全面发展。普及健身知识，宣传健身效果，弘扬健康新理念，把身心健康作为个人全面发展和适应社会的重要能力，树立以参与体育健身、拥有强健体魄为荣的个人发展理念，营造良好舆论氛围，通过体育健身提高个人的团队协作能力。引导发挥体育健身对形成健康文明生活方式的作用,树立人人爱锻炼、会锻炼、勤锻炼、重规则、讲诚信、争贡献、乐分享的良好社会风尚。

将体育文化融入体育健身的全周期和全过程,以举办体育赛事活动为抓手,大力宣传运动项目文化,弘扬奥林匹克精神和中华体育精神,挖掘传承传统体育文化,发挥区域特色文化遗产的作用。树立全民健身榜样,讲述全民健身故事,传播社会正能量,发挥体育文化在践行社会主义核心价值观、弘扬中华民族传统美德、传承人类优秀文明成果和提升国家软实力等方面的独特价值和作用。

(四)开展全民健身活动,提供丰富多彩的活动供给。因时因地因需开展群众身边的健身活动,分层分类引导运动项目发展,丰富和完善全民健身活动体系。大力发展健身跑、健步走、骑行、登山、徒步、游泳、球类、广场舞等群众喜闻乐见的运动项目,积极培育帆船、击剑、赛车、马术、极限运动、航空等具有消费引领特征的时尚休闲运动项目,扶持推广武术、太极拳、健身气功等民族民俗民间传统和乡村农味农趣运动项目,鼓励开发适合不同人群、不同地域和不同行业特点的特色运动项目。

激发市场活力,为社会力量举办全民健身活动创造便利条件,发挥网络等新兴活动组织渠道的作用,完善业余体育竞赛体系。鼓励举办不同层次和类型的全民健身运动会,设立残疾人组别,促进健全人与残疾人体育运动融合开展。支持各地、各行业结合地域文化、农耕文化、旅游休闲等资源,打造具有区域特色、行业特点、影响力大、可持续性强的品牌赛事活动。推动各级各类体育赛事的成果惠及更多群众,促进竞技体育与群众体育全面协调发展。重视发挥健身骨干在开展全民健身活动中的作用,引导、服务、规范全民健身活动健康发展。

(五)推进体育社会组织改革,激发全民健身活力。按照社会组织改革发展的总体要求,加快推动体育社会组织成为政社分开、权责明确、依法自治的现代社会组织,引导体育社会组织向独立法人组织转变,推动其社会化、法治化、高效化发展,提高体育社会组织承接全民健身服务的能力和质量。

积极发挥全国性体育社会组织在开展全民健身活动、提供专业指导服务等方面的龙头示范作用。加强各级体育总会作为枢纽型体育社会组织的建设,带动各级各类单项、行业和人群体育组织开展全民健身活动。加强对基层文化体育组织的指导服务,重点培育发展在基层开展体育活动的城乡社区服务类社会组织,鼓励基层文化体育组织依法依规进行登记。推进体育社会组织品牌化发展并在社区建设中发挥作用,形成架构清晰、类型多样、服务多元、竞争有序的现代体育社会组织发展新局面。

(六)统筹建设全民健身场地设施,方便群众就近就便健身。按照配置均衡、规模适当、方便实用、安全合理的原则,科学规划和统筹建设全民健身场地设施。推动公共体育设施建设,着力构建县(市、区)、乡镇(街道)、行政村(社区)三级群众身边的全民健身设施网络和城市社区15分钟健身圈,人均体育场地面积达到1.8平方米,改善各类公共体育设施的无障碍条件。

有效扩大增量资源,重点建设一批便民利民的中小型体育场馆,建设县级体育场、全民健身中心、社区多功能运动场等场地设施,结合基层综合性文化服务中心、农村社区综合服务设施建设及区域特点,继续实施农民体育健身工程,实现行政村健身设施全覆盖。新建居住区和社区要严格落实按"室内人均建筑面积不低于0.1平方米或室外人均用地不低于0.3平方米"标准配建全民健身设施的要求,确保与住宅区主体工程同步设计、同步施工、同步验收、同步投入使用,不得挪用或侵占。老城区与已建成居住区无全民健身场地设施或现有场地设施未达到规划建设指标要求的,要因地制宜配建全民健身场地设施。充分利用旧厂房、仓库、老旧商业设施、农村"四荒"(荒山、荒沟、荒丘、荒滩)和空闲地等闲置资源,改造建设为全民健身场地设施,合理做好城乡空间的二次利用,推广多功能、季节性、可移动、可拆卸、绿色环保的健身设施。利用社会资金,结合国家主体功能区、风景名胜区、国家公园、旅游景区和新农村的规划与建设,合理利用景区、郊野公园、城市公园、公共绿地、广场及城市空置场所建设休闲健身场地设施。

进一步盘活存量资源,做好已建全民健身场地设施的使用、管理和提档升级,鼓励社会力量参与现有场地设施的管理运营。完善大型体育场馆免费或低收费开放政策,研究制定相关政策鼓励中小型体育场馆免费或低收费开放。确保公共体育场地设施和符合开放条件的企事业单位、学校体育场地设施向社会开放。

(七)发挥全民健身多元功能,形成服务大局、互促共进的发展格局。结合"健康中国2030"等总体发展战略,以及科技、教育、文化、卫生、养老、助残等事业发展,统筹谋划全民健身重大项目工程,发挥全民健身在促进素质教育、文化繁荣、社会包容、民生改善、民族团结、健身消费和大众创业、万众创新等方面的积极作用。

充分发挥全民健身对发展体育产业的推动作用,扩大与全民健身相关的体育健身休闲活动、体育竞赛表演活动、体育场馆服务、体育培训与教育、体育用品及相关产品制造和销售等体育产业规模,使健身服务业在体育产业中所占比重不断提高。鼓励发展健身信息聚合、智能健身硬件、健身在线培训教育等全民健身新业态。充分利用"互联网+"等技术开拓全民健身产品制造领域和消费市场,使体育消费在居民消费支出中所占比重不断提高。

(八)拓展国际大众体育交流,引领全民健身开放发展。坚持"请进来、走出去",拓展全民健身理论、项目、人才、设备等国际交流渠道,推动全民健身向更高层次发展。

搭建全民健身国际交流平台,加强国际间互动交流。传播和推广全民健身发展过程中的中国理念、中国故事、中国人物、中国标准、中国产品,发出中国声音,提升国际影响力,有效发挥全民健身在推广中国文化、提升国家形象和增强国家软实力等方面的独特作用。

(九)强化全民健身发展重点,着力推动基本公共体育服务均等化和重点人群、项目发展。依法保障基本公共体育服务,推动基本公共体育服务向农村延伸,以乡镇、农村社区为重点促进基本公共体育服务均等化。坚持普惠性、保基本、兜底线、可持续、因地制宜的原则,重点扶持革命老区、民族地区、边疆地区、贫困地区发展全民健身事业。

将青少年作为实施全民健身计划的重点人群,大力普及青少年体育活动,提高青少年身体素质。加强学校体育教育,将提高青少年的体育素养和养成健康行为方式作为学校教育的重要内容,保证学生在校的体育场地和锻炼时间,把学生体质健康水平纳入工作考核体系,加强学校体育工作绩效评估和行政问责。全面实施青少年体育活动促进计划,积极发挥"青少年阳光体育大会"等青少年体育品牌活动的示范引领作用,使青少年提升身体素质、掌握运动技能、培养锻炼兴趣,形成终身体育健身的良好习惯。推进老年宜居环境建设,统筹规划建设公益性老年健身体育设施,加强社区养老服务设施与社区体育设施的功能衔接,提高使用率,支持社区利用公共服务设施和社会场所组织开展适合老年人的体育健身活动,为老年人健身提供科学指导。进一步加大对国家全民健身助残工程的支持力度,采取优惠政策,推动残疾人康复体育和健身体育广泛开展。开展职工、农民、妇女、幼儿体育,推动将外来务工人员公共体育服务纳入属地供给体系。加大对社区矫正人员等特殊人群的全民健身服务供给,使其享受更多社会关爱,在融入社会方面增加获得感和满足感。

加快发展足球运动和冰雪运动。着力加大足球场地供给,把建设足球场地纳入城镇化和新农村建设总体规划,因地制宜鼓励社会力量建设小型、多样化的足球场地。广泛开展校园足球活动,抓紧完善常态化、纵横贯通的大学、高中、初中、小学四级足球竞赛体系。积极倡导和组织行业、社区、企业、部队、残疾人、中老年、五人制、沙滩足球等形式多样的民间足球活动,举办多层级足球赛事,不断扩大足球人口规模,促进足球运动蓬勃发展。大力推广普及冰雪运动,利用筹备和举办北京2022年冬奥会和冬残奥会的契机,实施群众冬季运动推广普及计划。支持各地建设和改建多功能冰场和雪场,引导社会力量进入冰雪运动领域,推进冰雪运动进景区、进商场、进社区、进学校,扶持花样滑冰、冰球、高山滑雪等具有一定群众基础的冰雪健身休闲项目,打造品牌冰雪运动俱乐部、冰雪运动院校和一系列观赏性强、群众参与度高的品牌赛事活动。积极培育冰雪设备和运动装备产业,推动其发展壮大。鼓励各地依托当地自然人文资源开展形式多样的冰雪运动,实现3亿人参与冰雪运动,使冰雪运动的群众基础更加坚实。

三、保障措施

(十)完善全民健身工作机制。通过强化政府主导、部门协同、全社会共同参与的全民健身组织架构,推动各项工作顺利开展。政府要按照科学统筹、合理布局的原则,做好宏观管理、政策制定、资源整合分配、工作监督评估和协调跨部门联动;各有关部门要将全民健身工作与现有政策、目标、任务相对接,按照职责分工制定工作规划、落实工作任务;智库可为有关全民健身的重要工作、重大项目提供咨询服务,并在顶层设计和工作落实中发挥作用;社会组织可在日常体育健身活动的引导、培训、组织和体育赛事活动的承办等方面发挥作用,积极参与全民健身公共服务体系建设。以健康为主题,整合基层宣传、卫生计生、文化、教育、民政、养老、残联、旅游等部门相关工作,在街道、乡镇层面探索建设健康促进服务中心。

(十一)加大资金投入与保障。建立多元化资金筹集机制,优化投融资引导政策,推动落实财税等各项优惠政策。县级以上地方人民政府应当将全民健身工作相关经费纳入财政预算,并随着国民经济的发展逐步增加对全民健身的投入。安排一定比例的彩票公益金等财政资金,通过设立体育场地设施建设专项投资基金和政府购买服务等方式,鼓励社会力量投资建设体育场地设施,支持群众健身消费。依据政府购买服务总体要求和有关规定,制定政府购买全民健身公共服务的目录、办法及实施细则,加大对基层健身组织和健身赛事活动等的购买比重。完善中央转移支付方式,鼓励和引导地方政府加大对全民健身的财政投入。落实好公益性捐赠税前扣除政策,引导公众对全民健身事业进行捐赠。社会力量通过公益性社会组织或县级以上人民政府及其部门用于全民健身事业的公益性捐赠,符合税法规定的部分,可在计算企业所得税和个人所得税时依法从其应纳税所得额中扣除。

(十二)建立全民健身评价体系。制定全民健身相关规范和评价标准,建立政府、社会、专家等多方力量共同组成的工作平台,采用多层级、多主体、多方位的方式对全民健身发展水平进行立体评估,注重发挥各类媒体的监督作用。把全民健身评价指标纳入精神文明建设以及全国文明城市、文明村镇、文明单位、文明家庭和文明校园创建的内容,将全民健身公共服务相关内容纳入国家基本公共服务和现代公共文化服务体系。进一步明确全民健身发展的核心指标、评价标准和测评方法,为衡量各地全民健身发展水平提供科学依据。出台全国全民健身公共服务体系建设指导标准,鼓励各地结合实际制定全民健身公共服务体系建设地方标准,推进全民健身基本公共服务均等化、标准化。鼓励各地依托特色资源,积极创建体育特色城市、体育生活化街道(乡镇)和体育生活化社区(村)。继续完善全民健身统计制度,做好体育场地普查、国民体质监测以及全民健身活动状况调查数据分析,结合卫生计生部门的营养与慢性病状况调查等,推进全民健身科学决策。

(十三)创新全民健身激励机制。搭建更加适应时代发展需求的全民健身激励平台,拓展激励范围,有效调动城乡基层单位和个人的积极性,发挥典型示范带动作用。推行《国家体育锻炼标准》,颁发体育锻炼标准证书、证章,有条件的地方可通过试行向特定人群或在特定时段发放体育健身消费券等方式,建立多渠道、市场化的全民健身激励机制。鼓励对体育组织、体育场馆、全民健身品牌赛事和活动等的名称、标志等无形资产的开发和运用,引导开发科技含量高、拥有自主知识产权的全民健身产品,提高产品附加值。对支持和参与全民健身、在实施全民健身计划中作出突出贡献的组织机构和个人进行表彰。

(十四)强化全民健身科技创新。制定并实施运动促进健康科技行动计划,推广"运动是良医"等理念,提高全民健身方法和手段的科技含量。开展国民体质测试,开发应用国民体质健康监测大数据,研究制定并推广普及健身指导方案、运动处方库和中国人体育健身活动指南,开展运动风险评估,大力开展科学健身指导,提高群众的科学健身意识、素养和能力水平。推动移动互联网、云计算、大数据、物联网等现代信息技术手段与全民健身相结合,建设全民健身管理资源库、服务资源库和公共服务信息平台,使全民健身服务更加便捷、高效、精准。利用大数据技术及时分析经常参加体育锻炼人数、体育设施利用率,进行运动健身效果综合评价,提高全民健身指导水平和全民健身设施监管效率。推进全民健身场地设施创新,促进全民健身场地设施升级换代,为群众提供更加便利、科学、安全、灵活、无障碍的健身场地设施。积极支持体育用品制造业创新发展,采用新技术、新材料、新工艺,提高产品科技含量,增加产品品种,提升体育用品的质量水平和品牌影响力。鼓励企业参与全民健身科技创新平台和科学健身指导平台建设,加强全民健身科学研究和科学健身指导。

(十五)加强全民健身人才队伍建设。树立新型全民健身人才观,发挥人才在推动全民健身中的基础性、先导性作用,努力培养适应全民健身发展需要的组织、管理、研究、健康指导、志愿服务、宣传推广等方面的人才队伍。创新全民健身人才培养模式,加大对民间健身领军示范人物的发掘和扶持力度,重视对基层管理人员和工作人员中榜样人物的培育。将全民健身人才培养与综治、教育、人力资源社会保障、农业、文化、卫生计生、工会、残联等部门和单位的人才教育培训相衔接,畅通各类人才培养渠道。加强竞技体育与全民健身人才队伍的互联互通,形成全民健身与学校体育、竞技体育后备人才培养工作的良性互动局面,为各类体育人才培养和发挥作用创造条件。发挥互联网等科技手段在人才培训中的作用,加大对社会化体育健身培训机构的扶持力度。

(十六)完善法律政策保障。推动在《中华人民共和国体育法》修订过程中进一步完善全民健身的相关内容,依法保障公民的体育健身权利。推动加快地方全民健身立法,加强全民健身与精神文明、社区服务、公共文化、健康、卫生、旅游、科技、养老、助残等相关制度建设的统筹协调,完善健身消费政策,将加快全民健身相关产业与消费发展纳入体育产业和其他相关产业政策体系。建立健全全民健身执法机制和执法体系,做好全民健身中的纠纷预防与化解工作,利用社会资源提供多样化的全民健身法律服务。完善规划与土地政策,将体育场地设施用地纳入城乡规划、土地利用总体规划和年度用地计划,合理安排体育用地。鼓励保险机构创新开发与全民健身相关的保险产品,为举办和参与全民健身活动提供全面风险保障。

四、组织实施

(十七)加强组织领导与协调。各地要加强对全民健身事业的组织领导,建立完善实施全民健身计划的组织领导协调机制,确保全民健身国家战略深入推进。要把全民健身公共服务体系建设摆在重要位置,纳入当地国民经济和社会发展规划及基本公共服务发展规划,把相关重点工作纳入政府年度民生实事加以推进和考核,构建功能完善的综合性基层公共服务载体。

(十八)严格过程监管与绩效评估。县级以上地方人民政府要制定本地《全民健身实施计划(2016—2020年)》,做好任务分工和监督检查,并在2020年对《全民健身实施计划(2016—2020年)》实施情况进行全面评估。建立全民健身公共服务绩效评估指标体系,定期开展第三方评估和社会满意度调查,对重点目标、重大项目的实施进度和全民健身实施计划推进情况进行专项评估,形成包括媒体在内的多方监督机制。

附录2

国家体育总局令

第 16 号

　　《社会体育指导员管理办法》已于 10 月 9 日经国家体育总局第 20 次局长办公会审议通过,现予以公布,并于 11 月 9 日起施行。

国家体育总局 局长:刘鹏
二○一一年十月九日

社会体育指导员管理办法

第一章 总则

第一条 为了促进社会体育指导员队伍发展,规范社会体育指导员工作,发挥社会体育指导员在全民健身活动中的作用,根据《中华人民共和国体育法》、《全民健身条例》,制定本办法。

第二条 本办法所称社会体育指导员,是指不以收取报酬为目的,向公众提供传授健身技能、组织健身活动、宣传科学健身知识等全民健身志愿服务(以下简称志愿服务),并获得技术等级称号的人员。

第三条 国家对社会体育指导员实行技术等级制度。

社会体育指导员技术等级称号由低到高分为:三级社会体育指导员、二级社会体育指导员、一级社会体育指导员、国家级社会体育指导员。

第四条 各级体育主管部门应当组织和推动社会力量支持社会体育指导员开展志愿服务,依法保护社会体育指导员的合法权益,加强社会体育指导员工作的宣传,扩大社会体育指导员工作的社会影响,对取得显著成绩的社会体育指导员给予表彰、奖励。

第二章 组织管理

第五条 国家体育总局主管全国的社会体育指导员工作。县级以上地方体育主管部门负责本行政区域内社会体育指导员工作。

各级体育主管部门应当将社会体育指导员工作纳入体育工作规划,列入工作考核评价体系,为社会体育指导员开展志愿服务提供保障,依法对社会体育指导员工作进行管理、指导、监督。

社会体育指导员由其开展志愿服务所在地的县级体育主管部门实行属地管理。

第六条 各级体育主管部门可以委托社会体育指导员协会等群众性体育组织和基层文化体育组织(以下简称委托的组织),承担社会体育指导员管理的具体工作。

具有较好社会体育指导员工作条件和能力的全国性和省级行业、单项体育协会,经向国家体育总局和省级体育主管部门申请并获得批准(以下简称经批准的协会),可负责相应等级社会体育指导员培训、审批等工作。

第七条 建立全国性和地方性社会体育指导员协会。

社会体育指导员协会应当依据法律、法规和协会章程,加强社会体育指导员队伍建设,为社会体育指导员提供服务,反映社会体育指导员需求,维护社会体育指导员的权益,承担体育主管部门委托的社会体育指导员管理工作。

社会体育指导员自愿加入开展志愿服务所在地的社会体育指导员协会。

第八条　各级各类体育组织和国家机关、企业事业单位和其他组织应当支持社会体育指导员开展志愿服务,并提供条件和便利。

第三章　培训教育

第九条　社会体育指导员培训教育分为技术等级培训和继续培训。

培训教育费用由各级体育主管部门或经批准的协会承担。

第十条　国家体育总局制定社会体育指导员技术等级培训大纲,组织编写培训教材,确定培训办法。

地方各级体育主管部门和经批准的协会可根据实际需要,组织编写补充培训教材,并报上一级体育主管部门备案。

对社会体育指导员传授的体育项目有技能标准要求的全国性单项体育协会负责编写该体育项目技能培训大纲和技能培训教材,制定该体育项目的技能标准,报国家体育总局批准后执行。

第十一条　社会体育指导员培训教育工作由社会体育指导员培训基地承担。

各级体育主管部门和经批准的协会应当在体育教育机构中批准设立相应等级的社会体育指导员培训基地,并对培训基地开展培训教育工作情况进行指导、监督、评估。

第十二条　地方各级体育主管部门、经批准的协会或委托的组织应当对报名参加社会体育指导员技术等级培训的人员进行审查,对符合条件的人员进行培训,对培训合格人员颁发证书。

各级体育主管部门、经批准的协会和委托的组织应当每年举办一次以上社会体育指导员继续培训,并举办社会体育指导员工作交流和展示活动,提高社会体育指导员的思想素质和业务能力,为参加人员颁发证书或证明。

第四章　申请审批

第十三条　开展志愿服务并符合条件的人员,均可依照本办法的规定,申请授予或晋升相应的社会体育指导员技术等级称号。

第十四条　各级体育主管部门或经批准的协会按照社会体育指导员技术等级标准,批准授予相应等级社会体育指导员称号:

(一)县级体育主管部门批准授予三级社会体育指导员技术等级称号;

(二)地(市)级体育主管部门或经批准的省级协会批准授予二级社会体育指导员技术等级称号;

(三)省级体育主管部门或经批准的全国性协会批准授予一级社会体育指导员技术等级称号;

（四）国家体育总局批准授予国家级社会体育指导员技术等级称号。

第十五条 申请授予或晋升社会体育指导员技术等级称号的人员，应当向开展志愿服务所在地的县级体育主管部门、经批准的省级协会或委托的组织提交下列材料：

（一）申请书；

（二）社会体育指导员技术等级培训合格证书，或高等体育专业学历、体育教师、职业社会体育指导员、教练员、优秀运动员资质证书；

（三）所在单位或体育组织的推荐书；

（四）申请晋升的，需提交原技术等级证书；

（五）单项体育协会对申请人所传授的体育项目有技能标准要求的，需提交该体育项目的技能培训合格证书；

（六）参加继续培训、工作交流和展示活动的证书或证明。

第十六条 受理社会体育指导员技术等级称号申请的县级体育主管部门、经批准的省级协会或委托的组织负责审查申请人提交的材料，并将申请批准授予权限范围外等级称号人员的材料逐级提交。

第十七条 各级体育主管部门和经批准的协会按照批准授予权限，对申请材料进行审核，在收到申请材料3个月内做出批准授予的决定并予以公布。对未予批准的询问和申诉，应当予以答复。

第十八条 被批准授予或晋升技术等级称号的社会体育指导员，由批准的体育主管部门或经批准的协会颁发证书、证章。

社会体育指导员技术等级证书、证章由国家体育总局统一制作。

第五章 注册办理

第十九条 县级体育主管部门或委托的组织是社会体育指导员注册机构，免费办理社会体育指导员的登记注册、工作注册和迁移注册。

社会体育指导员注册通过国家体育总局社会体育指导员信息管理系统进行。

第二十条 注册机构应当为社会体育指导员建立档案，保证档案信息准确、完整和安全。

第二十一条 社会体育指导员应当自被批准授予或晋升技术等级称号之日起30日内，持社会体育指导员技术等级证书，到开展志愿服务所在地的社会体育指导员注册机构办理登记注册。

第二十二条 社会体育指导员在每年第四季度进行年度工作注册。

社会体育指导员开展志愿服务所在的基层文化体育组织、群众性体育组织或国家机关、企业事业单位和其他有关组织开具其志愿服务情况证明。

社会体育指导员在一个年度内超过半年未开展志愿服务或志愿服务少于30次，不予年度工作注册。未进行工作注册的,不得申请晋升社会体育指导员技术等级。

第二十三条　社会体育指导员离开原注册地开展志愿服务,应当办理迁出和迁入的迁移注册。

第六章　工作保障

第二十四条　各级体育主管部门应当在本级事业经费预算中列支社会体育指导员工作经费,在体育彩票公益金中安排一定比例的资金作为社会体育指导员工作经费,并随着体育工作经费的增长逐步加大对社会体育指导员工作经费的投入。

各级体育主管部门应当为有关组织开展社会体育指导员工作提供补助经费,并对农村、贫困地区和民族地区予以倾斜。

第二十五条　基层文化体育组织应当提供必要的社会体育指导员工作经费。

鼓励社会对社会体育指导员工作提供经费、捐赠和赞助。

第二十六条　各级体育主管部门应当明确基层文化体育组织、群众性体育组织和全民健身设施的管理单位配备社会体育指导员的数量和等级要求,组织社会体育指导员依托各级各类体育组织和设施开展志愿服务。

第二十七条　地方各级体育主管部门应当有组织地将社会体育指导员委派到基层组织或单位开展志愿服务,有条件的应当会同有关部门设立社会体育指导员公益岗位。

第二十八条　有条件的地方体育主管部门应当为社会体育指导员开展志愿服务办理保险。

鼓励社会为社会体育指导员开展志愿服务办理保险。

第二十九条　各级体育主管部门和委托的组织应当推进社会体育指导员工作的信息化,提高运用现代信息技术进行管理与服务的水平。

第三十条　有条件的大专院校应当开设有关社会体育指导员的课程,鼓励学生加入社会体育指导员队伍,组织学生开展志愿服务。

第七章　服务规范

第三十一条　社会体育指导员在基层文化体育组织、群众性体育组织或国家机关、企业事业单位和其他有关组织中开展志愿服务。

第三十二条　社会体育指导员应当坚持科学、文明、安全、诚信的原则,因人、因时、因地制宜,经常开展志愿服务,提高健身者的健身技能和身体素质,推动全民健身活动的开展。

第三十三条　社会体育指导员开展志愿服务时应当佩带证章,着装得体、语言文明、行为规范,爱护健身场地设施并保持环境卫生,自觉树立社会体育指导员的良好形象。

第三十四条　社会体育指导员应当与健身者保持和谐关系,与其他社会体育指导员互相尊重、相互配合。

第三十五条　社会体育指导员在开展志愿服务时应当加强安全管理,防范人身伤害事故的发生。

第八章　奖励处罚

第三十六条　各级体育主管部门应当定期开展评选表彰活动,对在社会体育指导员工作中做出突出贡献的组织和个人予以表彰、奖励。

第三十七条　建立社会体育指导员荣誉奖章制度。国家体育总局对连续开展志愿服务二十年、十五年和十年,为全民健身事业做出突出贡献的社会体育指导员,分别授予社会体育指导员金质奖章、银质奖章和铜质奖章。

第三十八条　地方各级体育主管部门和有关组织、单位违反本办法,未履行社会体育指导员工作职责的,由其上级部门或有关主管部门责令限期改正;拒不改正的,对负有责任的主管人员和其他直接责任人员依法给予处分。

第三十九条　体育主管部门和有关组织、单位的工作人员在社会体育指导员工作中,侵犯社会体育指导员合法权益,造成不良后果的,依法给予处分。

第四十条　违反国家财政、财务制度,截留、克扣、挪用和挤占社会体育指导员工作经费的,由其上级部门或有关主管部门责令改正,并对负有责任的主管人员和其他直接责任人员依法给予处分;构成犯罪的,依法追究刑事责任。

第四十一条　提供虚假材料获得社会体育指导员技术等级称号的人员,由批准授予的体育主管部门或经批准的协会撤销其社会体育指导员技术等级称号。

第四十二条　社会体育指导员在开展志愿服务时有宣扬封建迷信和其他不文明、不健康的行为,造成不良影响和后果的,由其开展志愿服务所在地的县级体育主管部门或有关组织、单位予以批评教育,责令改正;情节严重、影响恶劣的,撤销其社会体育指导员技术等级称号;构成犯罪的,依法追究刑事责任。

第九章　附则

社会体育指导员技术等级标准

一、社会体育指导员的基本条件

(一)具有完全民事行为能力的中华人民共和国公民;

(二)具有志愿服务精神和良好道德素养,遵纪守法;

(三)热心全民健身事业,正在开展或准备开展经常性的全民健身志愿服务(以下简称志愿服务);

(四)接受有关组织和单位的管理,承担指派的工作任务;

(五)参加社会体育指导员相应等级的培训,考核合格;

(六)所传授的体育项目有技能标准要求的,应当参加该体育项目的培训并达到标准。

二、社会体育指导员的等级条件

（一）三级社会体育指导员：

1.近一年内开展或协同开展 30 次以上志愿服务；

2.了解体育健身和竞赛的基本知识，初步掌握一项体育健身技能的传授方法，能够承担一般性体育健身咨询和指导工作；

3.了解全民健身工作的基本知识，初步掌握全民健身活动的组织管理方法，能够组织基层组织和单位开展全民健身活动。

（二）二级社会体育指导员：

1.获得三级社会体育指导员称号后累计（以工作注册为准）开展志愿服务 2 年以上；

2.基本掌握体育健身和竞赛的理论与方法，能够承担一项体育健身技能的传授和指导工作；

3.基本掌握全民健身活动组织管理的理论与方法，熟悉全民健身工作的特点，能够承担基层全民健身活动的计划、实施和总结工作；

4.在社区（行政村）、单位开展志愿服务产生良好效果和影响；

5.具有指导三级社会体育指导员的能力。

（三）一级社会体育指导员：

1.获得二级社会体育指导员称号后累计（以工作注册为准）开展志愿服务 3 年以上；

2.掌握体育健身和竞赛的理论与方法，能够承担一项较高水平的体育健身技能传授和指导工作；

3.掌握全民健身活动组织管理的理论与方法，具有较多的实践经验和较强的组织能力，能够指导基层体育组织的工作；

4.在社区（行政村）、单位开展志愿服务产生突出的效果和影响或在县级以上区域开展的志愿服务产生良好的效果和影响；

5.具有指导二级和三级社会体育指导员的能力。

（四）国家级社会体育指导员：

1.获得一级社会体育指导员称号后累计（以工作注册为准）开展志愿服务 4 年以上；

2.较系统地掌握体育健身和竞赛的理论与方法，在一项体育健身技能传授和指导中具有较高的水平或对民族、民间传统体育健身项目具有特殊造诣；

3.较系统地掌握全民健身活动组织管理的理论与方法，具有丰富的实践经验和突出的组织能力，能够承担较大规模全民健身活动的组织工作，能够撰写有关全民健身工作或调研报告；

4.在县级以上区域开展志愿服务产生突出的效果和影响；在地（市）级以上区域开展的志愿服务产生良好的效果和影响；

5.具有指导一级、二级和三级社会体育指导员的能力。

三、社会体育指导员的特许条件

(一)社会体育指导员应当具备的等级条件,根据申请者的具体情况,可在体育健身技能传授指导或组织管理方面有所侧重。

(二)近5年取得高等体育专业学历的人员、在职体育教师、职业社会体育指导员、教练员和优秀运动员在申请授予社会体育指导员技术等级称号时,可以放宽培训考核与连续开展志愿服务年限的要求,直接批准授予二级以上社会体育指导员技术等级称号。

(三)做出突出贡献的社会体育指导员,在申请晋升等级称号时,可以适当放宽连续开展志愿服务年限的要求;贡献特别突出的可以破格或越级晋升。

附录3

社会实践调查报告格式

"××运动品牌"的社会调查

院（系）：_____

专　　业：_____

学　　号：_____

姓　　名：_____

年　　　月　　　日

一、品牌图标

二、品牌概述

1.创始人。

2.创立时间与原产地。

3.品牌成长历程与故事。

4.产品种类、特点、消费人群。

5.其他。

三、收获、思考与展望

1.收获、思考。

2.展望。(备注:①正文内容1000字以上,必须包含以上部分,鼓励增加新的部分,诸如:调研的创新点,研究重点,研究存在的不足等;②格式要求:正文行间距为18磅,字体为宋体小四,两端对齐。)

四、参考文献

[1] 季浏.体育与健康(水平四教师参考用书)[M].上海:华东师范大学出版社,2001.

[2] 杨澜.奥运高端访谈[M].北京:新星出版社,2008.

[3] 吕明勇.日本体育消费市场的研究[D].南昌:江西师范大学,2015.

[4] 吴新宇.日本体育用品产业的文化选择与发展研究[J].南京体育学院学报:自然科学版,2013(12):123-126.

[5] 作者不详."李宁"运动品牌[EB/OL].[2017-12-10].https://baike.baidu.com/item/李宁/4581186.

　……

附录4

体育颂^①（英、中文版）

ODE TO SPORT *

O Sport, pleasure of the Gods, essence of life, you appeared suddenly in the midst of the grey clearing which writhes with the drudgery of modern existence, like the radiant messenger of a past age, when mankind still smiled. And the glimmer of dawn lit up the mountain tops and flecks of light dotted the ground in the gloomy forests.

O Sport, you are Beauty! You are the architect of that edifice which is the human body and which can become abject or sublime according to whether it is defiled by vile passions or improved through healthy exertion. There can be no beauty without balance and proportion, and you are the peerless master of both, for you create harmony, you give movements rhythm, you make strength graceful and you endow suppleness with power.

O Sport, you are Justice! The perfect equity for which men strive in vain in their social institutions is your constant companion. No one can jump a centimetre higher than the height he can jump, nor run a minute longer than the length he can run. The limits of his success are determined solely by his own physical and moral strength.

O Sport, you are Audacity! The meaning of all muscular effort can be summed up in the word 'dare'. What good are muscles, what is the point of feeling strong and agile, and why work to improve one's agility and strength, unless it is in order to dare? But the daring you inspire has nothing in common with the adventurer's recklessness in staking everything on chance. Yours is a prudent, well—considered audacity.

O Sport, you are Honour! The laurels you bestow have no value unless they have been won in absolute fairness and with perfect impartiality. He who, with some shameful trick, manages to deceive his fellow competitors feels guilt to his very core and lives in fear of the ignominious epithet which shall forever be attached to his name should his trickery be discovered.

O Sport, you are Joy! At your behest, flesh dances and eyes smile; blood races abundantly through the arteries. Thoughts stretch out on a brighter, clearer horizon. To the sorrowful you can even bring salutary diversion from their distress, whilst the happy you enable fully to savour their joie de vivre.

---

① 作者不详. 体育颂[EB/OL]. [2006-11-6]. http://baike.baidu.com/view/231485.htm.

O Sport, you are Fecundity! You strive directly and nobly towards perfection of the race, destroying unhealthy seed and correcting the flaws which threaten its essential purity. And you fill the athlete with a desire to see his sons grow up agile and strong around him to take his place in the arena and, in their turn, carry off the most glorious trophies.

O Sport, you are Progress! To serve you, a man must improve himself both physically and spiritually. You force him to abide by a greater discipline; you demand that he avoid all excess. You teach him wise rules which allow him to exert himself with the maximum of intensity without compromising his good health.

O Sport, you are Peace! You promote happy relations between peoples, bringing them together in their shared devotion to a strength which is controlled, organized and self-disciplined. From you, the young worldwide learn self—respect, and thus the diversity of national qualities becomes the source of a generous and friendly rivalry.

* Awarded a prize in the sports literature competition in the V Olympiad Stockholm 1912.

* * Pierre de Coubertin pseudonym.

啊,体育,天神的欢娱,生命的动力!你猝然降临在灰蒙蒙的林间空地,受难者激动不已,你像是容光焕发的使者,向暮年人微笑致意。你像高山之巅出现的晨曦,照亮了昏暗的大地。

啊,体育,你就是美丽!你塑造的人体变得高尚还是卑鄙,要看它是被可耻的欲望引向堕落,还是由健康的力量悉心培育。没有匀称协调,便谈不上什么美丽。你的作用无与伦比,可使二者和谐统一;可使人体运动富有节律;使动作变得优美,柔中含有刚毅。

啊,体育,你就是正义!你体现了社会生活中追求不到的公平合理。任何人不可超过速度一分一秒,逾越高度一分一厘,取得成功的关键,只能是体力与精神融为一体。

啊,体育,你就是勇气!肌肉用力的全部含义是勇于搏击。若不为此,敏捷、强健有何用?肌肉发达有何益?我们所说的勇气,不是冒险家押上全部赌注似的蛮干,而是经过慎重的深思熟虑。

啊,体育,你就是荣誉!荣誉的赢得要公正无私,反之便毫无意义。有人要弄见不得人的诡计,以此达到欺骗同伴的目的。但他内心深处受着耻辱的绞缢。有朝一日被人识破,就会落得名声扫地。

啊,体育,你就是乐趣!想起你,内心充满欢喜,血液循环加剧,思路更加开阔,条理更加清晰。你可使忧伤的人散心解闷,你可使快乐的人生活更加甜蜜。

啊,体育,你就是培育人类的沃地!你通过最直接的途径,增强民族体质,矫正畸形躯体,防病患于未然,使运动员得到启迪;让后代长得苗壮有力,继往开来,夺取桂冠的荣誉。

啊,体育,你就是进步!为了人类的日新月异,身体和精神的改变要同时抓起,你规定良好的生活习惯,要求人们对过度行为引起警惕。你告诉人们遵守规则,发挥人类最大的能力而又无损健康的肌体。

啊,体育,你就是和平!你在各民族间建立愉快的联系。你在有节制、有组织、有技艺的体力较量中产生,使全世界的青年学会相互尊重和学习,使不同民族特质成为高尚而公平竞赛的动力!

* 1912 年斯德哥尔摩奥运会"缪斯五项艺术比赛"中获得奥林匹克文学艺术比赛金奖。

** 皮埃尔·德·顾拜旦.(詹汝琼 译)

作者简介:皮埃尔·德·顾拜旦①(Le baron Pierre De Coubertin,1863—1937),法国著名教育家,国际体育活动家,教育学家和历史学家,现代奥林匹克运动的发起人。1863 年 1 月 1 日出生于法国巴黎的一个富有的贵族家庭。长大后从父母那里继承了大笔遗产。承袭男爵爵位。顾拜旦的童年是在诺曼底度过的。当时的顾拜旦非常喜欢拳击、赛艇、击剑和骑马等项体育活动,并喜欢画画,会弹钢琴。1888 年 5 月,顾拜旦针对学生"学业过劳",提出"唯一解决的办法是叫孩子们游戏"。1889 年 5 月,他利用万国博览会召开体育会议和学生运动会。1892 年,他呼吁复兴奥林匹克运动。之后于 1894 年 6 月成立了奥林匹克委员会,并于 1896 年在雅典召开了第一届奥林匹克运动会。1896—1925 年,他曾任国际奥林匹克委员会主席,并设计了奥运会会徽、奥运会会旗。由于他对奥林匹克不朽的功绩,被国际上誉为"现代奥林匹克之父"。

---

① 作者不详. 顾拜旦[EB/OL]. [2006-11-6]. http://baike. baidu. com/view/146973. htm? fromtitle＝％E9％A1％BE％E6％8B％9C％E6％97％A6&fromid＝139661&type＝syn.

参 考 文 献

[1] 卢元镇.体育社会学[M].北京:高等教育出版社,2011.

[2] 卢元镇.社会体育导论[M].北京:高等教育出版社,2006.

[3] 李金龙,刘宗立.社会体育概论[M].南宁:广西师范大学出版社,2005.

[4] 陈安槐,陈萌生.体育大辞典[M].上海:上海辞书出版社,2000.

[5] 韩鹏伟,杨建设.新编体育概论[M].西安:陕西人民出版社,2009.

[6] 杨文轩,杨霆.体育概论[M].北京:高等教育出版社,2005.

[7] 季浏.体育与健康(水平四教师参考用书)[M].上海:华东师范大学出版社,2001.

[8] 邵宗杰,等.教育学[M].上海:华东师范大学出版社,2009.

[9] 中国体育科学学会,香港体育学院.体育科学词典[M].北京:高等教育出版社,2000.

[10] 风笑天.现代社会调查方法[M].5版.武汉:华中科技大学出版社,2015.

[11] 艾尔·巴比.社会研究方法[M].丘泽奇,译.北京:华夏出版社,2000.

[12] 李建国.社会体育[M].北京:人民体育出版社,2004.

[13] 卢元镇.体育人文社会科学概论高级教程[M].北京:高等教育出版社,2003.

[14] 王国维.人间词话[M].周公度,译注.杭州:浙江文艺出版社,2017.

[15] 叶宏开.体魄与人格并重:清华大学百年体育纪略[M].北京:清华大学出版社,2011.

[16] 中国群众体育现状调查课题组.中国群众体育现状调查与研究[M].北京:北京体育大学出版社,2001.

[17] 体育概论编写组.体育概论[M].北京:北京体育大学出版社,2017.

[18] 朱元利,苟波,吴长龄.全民健身活动指导:健身理论指导篇[M].西安:陕西科学技术出版社,2011.

[19] 现代汉语辞海编委会.现代汉语辞海[M].北京:光明日报出版社,2002.

[20] 李鑫.中年人健康价值取向与体育锻炼意识的相关研究[D].郑州:郑州大学,2013.

[21] 王晓微.中国体育产业管理体制改革研究[D].长春:吉林大学,2014.

[22] 相龙涛.鲁西南高职院校学生体质状况和影响因素的研究[D].石家庄:河北师范大学,2012.

[23] 杨光平.当代大学生社会适应能力的调查及培养研究[D].重庆:西南师范大学,2002.

[24] 张明泉.大学生体育锻炼与人际关系困扰:积极应对的完全中介作用[D].武汉:华中师

范大学,2012.

[25] 潘则宇.沈阳市内五区老年人体育锻炼与生活质量关系研究[D].沈阳:沈阳师范大学,
2014.

[26] 王淑康.城市社区老年人规律体育活动行为的社会生态学探索及健康干预策略研究
[D].济南:山东大学,2012.

[27] 陈为为.新课程标准下定性评价方法引入中小学生体育(与健康)学习效果的实验研究
[D].上海:华东师范大学,2009.

[28] 韩小芹.重庆市沙坪坝区小学《体育与健康课程标准》的实施现状与改进策略[D].重
庆:重庆大学,2014.

[29] 王洁.2010 年泰州市 20－39 岁成年人体质研究[D].南京:南京师范大学,2012.

[30] 曾庆涛.论体育强国的国际观念与结构重组[J].武汉体育学院学报,2013(4):23－26.

[31] 戴志鹏,胡鹏.论"社会体育"概念的时代意义[J].军事体育进修学院学报,2013(1):
9－12.

[32] 李月华.论社会体育专业与职业人才培养[J].职大学报,2015(3):108－110.

[33] 陈华,徐佶.休闲体育与社会体育辨析[J].体育文化导刊,2013(5):38－40,64.

[34] 陈玉忠.《全民健身条例》背景下社会体育管理体制变革[J].体育科研,2010(4):5－9.

[35] 于肪苏.浅析我国社会体育管理体制的发展趋势[J].当代体育科技,2013(22):
107,109.

[36] 余学好.转型期中国社会体育的基本特征与发展走向[J].体育与科学,2004(3):
39－41.

[37] 张兆斌,董宏伟.体育、体育科学及相关概念辨析[J].沈阳体育学院学报,2010,29(5):
42-44.

[38] 王广虎,黄桑波.单位体制下体育管理的"二元结构"与群众体育的"单位色彩"[J].成都
体育学院学报,2004(3):1－5.

[39] 教育部.关于印发《普通高等学校本科专业目录(2012 年)》、《普通高等学校本科专业设
置管理规定》等文件的通知[EB/OL].[2017-8-12].http://old.moe.gov.cn//
publicfiles/business/htmlfiles/moe/s3882/201210/143152.html.

[40] 国家体育总局.2014 年全民健身活动状况调查公报[EB/OL].[2015-11-16].http://
www.sport.gov.cn/n16/n1077/n1422/7300210.html.

[41] 中华人民共和国国务院令第 560 号[EB/OL].[2009-9-6].http://www.gov.cn/flfg/
2009－09/06/content_1410716.html.

[42] 国家体育总局.全民健身计划纲要[EB/OL].[2008-5-8].http://www.sport.gov.cn/
n16/n1092/n16849/312943.html.

[43] 仇军.中国体育人口活动场所的选择及其变动趋势[J].中国体育科技,2003,39(6):14-
15.

[44] 苗治文,秦椿林.当代中国体育人口结构的社会学分析[J].体育学刊,2006,13(1):119-121.

[45] 陈元欣,王健.我国公共体育场(馆)发展中存在的问题、未来趋势、域外经验与发展对策研究[J].体育科学,2013,33(10):3-13.

[46] 席玉宝.体育锻炼概念及其方法系统的研究[J].北京体育大学学报,2004(1):118-120.

[47] 杨春.大学生实用体育锻炼方法研究[J].内江科技,2015(1):107,109.

[48] 霍方.学习体育促进大学生社会适应能力发展研究[J].河南师范大学学报,2005,33(3):180-182.

[49] 马建华.大学生心理健康状况的调查与思考[J].高等农业教育,2008(1):90-92.

[50] 张兴奇,方征.美国体质概念的嬗变及对我国体质研究的启示[J].体育文化导刊,2016(10):62-67.

[51] 赵晓明,潘超.吉林省大学生心理健康状况调研报告[J].长春工业大学学报,2007,28(4):96-98.

[52] 毛振明,赖天德.论体育教学与促进学生社会适应能力的关系[J].中国学校体育,2005(7):54-56.

[53] 叶鸣.中老年运动处方的特点及制定方法[J].西安体育学院学报,2002(1):57-59.

[54] 吴智翔.论工业建筑遗产中设备空间的改造设计——以沈阳化工厂改造设计为例[J].建筑设计管理,2015(1):49-51.

[55] 韩坤,于可红.我国经济发达地区城市社区体育管理体制的缺陷及其创新构想——以杭州市为例[J].北京体育大学学报,2007(3):317-320.

[56] 兰自力,郑旭旭.我国三资企业职工体育管理体制与运行机制的研究[J].北京体育大学学报,2007(5):594-596.

[57] 樊炳有.我国城市社区体育管理体制的缺陷及创新构想[J].体育与科学,2001(12):27-29.

[58] 徐群连.我国社区体育管理体制的现状及发展对策[J].体育文化导刊,2005(3):39-41.

[59] 张轩.我国职工体育概念及管理体制的研究[D].武汉体育学院,2006.

[60] 赵子江.国有企业职工体育体制与运行机制的研究——社团的承托功能与社会体育资源的整合对策[J].体育文化导刊,2006(1):10-12.

[61] 吴伊静.休闲体育参与者自我实现与人本主义管理[J].课程教育研究,2014(8):57-58.

[62] 国家体育总局.国家体育产业基地介绍[EB/OL].[2017-11-15].http://www.sport.gov.cn/n16/n1122/n1953/1012835.html.

[63] 张瑞林,王先亮.我国体育产业管理体制研究[J].体育学刊,2010(10):14-21.

[64] 韩坤,于可红.我国经济发达地区城市社区体育管理体制的缺陷及其创新构想——以杭州市为例[J].北京体育大学学报,2007(3):317-320.

[65] 王健林. 发展体育产业[EB/OL]. [2016-12-4]. http://www. sohu. com/a/120719505_556550.

[66] 人民网. 新一批国家体育产业基地评选结果公布[EB/OL]. [2017-2-11]. http://www. ecosports. cn/ Home/Newsflash/show/id/2232. html.

[67] 周宁. 北京市国家级社区体育健身俱乐部现状的调查研究[D]. 北京:首都体育学院,2010.

[68] 郭桂村,李臣. 中年人体育锻炼与工作之间的冲突关系研究[J]. 中国西部科技,2010(7):66, 77-78.

[69] 周秀敏. 山东省城市中年人群体育健康状况调查分析[J]. 山东体育科技,2001(2): 61-64.

[70] 费加明. 老年人体育锻炼相关生命质量的研究述评论[J]. 南京体育学院学报:自然科学版,2014(3):121-124.

[71] 潘家礼,史海燕. 体育与健康课程学习评价方法研究[J]. 体育文化导刊,2009(7): 89-93.

[72] 林上湖. 青少年的心理健康问题及体育锻炼调节方法的综述[J]. 黑龙江科技信息,2012 (13):178-179.

[73] 李红娟. 美国青少年体质研究趋势　体质测定到体力活动促进[J]. 北京体育大学学报, 2015,38(8):65-71.

[74] 中国营养学会. 中国居民膳食指南[EB/OL]. [2016-5-13]. http://dg. cnsoc. org/ article/04/8a2389fd5520b4f30155b41b364b23df. html.

[75] 丁伟祥. 对不同行业职工体质综合评价方法的研究[J]. 四川体育科学,2004(3):69-71.

[76] 王军凤,王素平,高玲娣. 学校体质健康教育模式与方法探讨[J]. 体育科技文献通报, 2009(12):56-57.

[77] 袁金凤,张秋霞,陆阿明. 闭眼单脚站立方法在体质测试中的应用[J]. 中国组织工程研究,2013(33):6049-6054.

[78] 王童,徐明欣,李瑞年. 大学生体质等级综合评定判别分类的方法[J]. 天津体育学院学报,2005(2):65-68.

[79] 邓星华. 论增强体质的法则和方法[J]. 体育学刊,1999(1):70-72.

[80] 王剑. 关于增强大学生体质与健康方法研究[J]. 体育科技,2013(5):120-123.

[81] 陈培友,邹玉玲. 青少年体质健康标准构建方法研究[J]. 体育科学,2013(11):84-88.

[82] 赵夏娣,校玉山. 大学生体质调研工作的组织程序与方法[J]. 西安体育学院学报,2002 (12):169-170.

[83] 陈曦. 中日学生体质测试五项指标测试方法的对比研究[J]. 搏击:体育论坛,2013(7):67-69.

[84] 孙双明,叶茂盛. 美、俄、日和欧盟学生体质健康测试概述[J]. 北京体育大学学报,2017 (3):87-91.

[85] Iliescu,Sanda. The garden as collage:rupture and continuity in the landscape projects

of Peter and Anneliese Latz [J]. Studies in the History of Gardens & Designed Landscapes,2007,27(2):149-182.

[86] Lute, Marina, Marincu, et al. Green development of city areas by using industrial heritage and modern approaches [C]//Proceedings of the International Multidisciplinary Scientific Geo Conference SGEM. 2016(2):579-586.

[87] 国家体育总局. 2014 年国民体质监测公报[EB/OL]. [2015-11-25]. http://www. sport. gov. cn/n16/n1077/n1422/7331093. html.

[88] 冯晓露. 体育产业介入工业空间开发利用研究[J]. 体育科学,2017,37(6):24-34.

[89] 张兆斌,董宏伟. 体育、体育科学及相关概念辨析[J]. 沈阳体育学院学报,2010(10): 42-44.

[90] 尹小俭. 中国大学生体质健康变化趋势的研究[J]. 北京体育大学学报,2012,35(9): 79-87.

[91] 张子龙. 中国 2010 年中小学生体质健康现状分析[J]. 中国学校卫生,2013(2):142-146.

[92] 李莎. 四川省 60~69 岁老年人体质现状——基于 2014 年体质监测数据的分析[D]. 成都:成都体育学院,2016.

[93] 魏文,闫斌. 西安市老年人体质及社区体育状况调查[J]. 中国老年学杂志,2014(24): 7056-7058.

[94] 肖焕禹,方立. 体育人口的概念、分类及其统计标准[J]. 体育科研,2005(1):7-10.

[95] 仇军. 中国体育人口判定标准的函数方程推导[J]. 天津体育学院学报,2002(2):67-68.

[96] 苗志刚,李俊杰,田晓春. 中年人群体育行为及体育心理研究——赤峰市红山区中年人体育健身现状的调查与分析[J]. 赤峰学院学报:自然科学版,2012,28(4):145-149.

[97] 李帮华,左新荣. 试论竞技体育"举国体制"的可持续发展[J]. 安徽师范大学学报:自然科学版,2008(1):99-102.

[98] 李墨瑾. 北京市休闲体育运动发展的影响因素研究[D]. 北京:北京体育大学,2009.

[99] 范雷. 社会调查中的问卷设计[N]. 中国社会科学院院报,2007-9-11(2).

[100] 茅鹏. 体质 体力 健康[J]. 体育与科学,1986,40(3):1-3.

[101] 卢元镇. 社会体育的社会学分析[J]. 福建体育科技,1997(2):4-43.

[102] 孙伟. 国外社会体育的社会学分析[J]. 辽宁体育科技,2003(2):74-75.

[103] 钱建龙. 体育运动与身心健康[M]. 武汉:武汉大学出版社,2006.

[104] 范春金,易淑梅. 萍乡高专社会体育专业建设与发展问题研究[J]. 萍乡高等专科学校学报,2012,5(5):97-101.

[105] 田雨普. 努力实现由体育大国向体育强国的迈进努力实现由体育大国向体育强国的迈进[J]. 体育科学,2009(3):3-8.

[106] 郭宏. 20 世纪 80 年代以来我国体育人口研究述评[J]. 中国体育科技,2007(3):36-40.

[107] 徐振兵,张少云. 体育产业化过程中的政府行为研究[J]. 上海体育学院学报,2001

(S1):22-23,29.

[108] 国务院办公厅.国务院办公厅关于印发国家体育总局职能配置内设机构和人员编制规定的通知(国办发〔1998〕52号)[EB/OL][1998-6-16].http://www.gov.cn/zhengce/content/2010—11/18/content_7784.htm.

[109] 李向东.中国与德国体育管理体制的比较研究[J].体育文化导刊,2005(6):53-55.

[110] 作者不详.全民健身计划纲要(送审稿)[J].体育学刊,1995(1):6-10.

[111] 伊万斯.对玻利维亚制定"全民健身计划"的思考[D].北京:北京体育大学,2013.

[112] 庞鲁华.山东省社会体育指导员现状分析与对策研究[D].济南:山东体育学院,2011.

[113] 国务院公报.社会体育指导员管理办法[EB/OL][2012-10-9].http://www.gov.cn/gongbao/content/2012/content_2131992.htm.

[114] 教育部.中华人民共和国教育法[EB/OL][1995-9-1].http://www.moe.edu.cn/s78/A02/zfs__left/s5911/moe_619/201512/t20151228_226193.html.

[115] 国家体育总局.中华人民共和国体育法[EB/OL].[2008-5-7].http://www.sport.gov.cn/n16/n1092/n16819/312031.html.

[116] 林云.项目管理在供电企业财务预算中的应用研究[D].北京:华北电力大学,2009.

[117] 郭复初.财务分析的性质与目的新探——财务分析系列文章之一[J].财会月刊,2009(4):45-46.

[118] 夏万峰.我国城市社区体育的特征与发展趋势[J].时代教育(教育教学),2010(5):102.

[119] 曾理.中国农村体育现状及对策研究[D].成都:四川大学,2003.

[120] 许月云,许红峰.新农村建设中农民体育健身工程效应的研究[J].山东体育学院学报,2009(3):29-32.

[121] 西部网—陕西新闻网.西安新型体育公园开园　为市民再添一处健身场所[EB/OL].[2015-6-19].http://sports.cnwest.com/content/2015—06/19/content_12783459.htm.

[122] 陕西传媒网—陕西日报.创新推动陕西省老体基层建设取得新发展[EB/OL].[2015-1-19].http://www.sxdaily.com.cn/n/2015/0119/c266—5605033.html.

[123] 刘丹,涂春华.试论素质拓展的起源发展和特点分类[J].农家参谋,2017(8):71-73.

[124] 搜狐体育.助力区域发展弘扬体育特色　体产业基地添新[EB/OL].[2017-2-10].[2015-11-16].http://www.sohu.com/a/125960669_499982.

[125] 陈永斌.素质拓展的理论逻辑与实践创新:职业发展的视角[J].现代教育科学,2009(3):103-106.

[126] 孙超.拓展训练引入初中体育与健康课程的实验研究[D].扬州:扬州大学,2013.

[127] 傅涛.拓展训练价值功能的探讨[J].运动,2009(4):7-9.

[128] 新浪博客.拓展训练的项目、设施、体验目的、有关书籍[EB/OL].[2013-7-19].http://blog.sina.com.cn/s/blog_73b4f1580102xs6b.html.

[129] 田里,马晓云.营业性健身房经营与促销问题的研究[J].北京体育大学学报,2003(2):164-165.

[130] 马良.海城市社区体育管理体制及运行机制的现状与对策研究[D].长春:吉林大学,2007.

[131] 秦妙.西安市拓展训练机构发展现状的研究[D].西安:西安体育学院,2013.

[132] 作者不详.全面建设小康社会的十项基本标准[J].青海学刊,2003(3):137.

[133] 吴玉华.利用客家体育资源,构建娱乐体育教学体系[J].教育探索,2007(12):59-60.

[134] 陈彬.我国人口老龄化趋势及其影响[EB/OL].[2016-1-22].http://www.sic.gov.cn/News/455/5900.htm.

[135] 刘碧英.老年人心理特点与心理保健[J].中国临床心理学杂志,2005(3):372-374.

[136] 佘秀英,巫建平.城区与农村老年人心理健康状况的比较[J].中国健康心理学杂志,2014,22(2):237-239.

[137] 叶条凤.老年人体育研究中几个急需解决的问题[J].体育学刊,2015(22):56-58.

[138] Reid K J,Martinovich Z, Finkel S, et al. Sleep：A Marker of Physical and Mental Health in the Elderly[J]. Am J Geriatr Psychiatry,2006(10):860-866.

[139] 栾文敬.我国老年人心理健康自评及其影响因素研究[J].西北大学学报:哲学社会科学版,2012,42(5):75-83.

[140] 陆惠华.老年病的特点与对策[J].中国老年保健医学,2004(4):3-7.

[141] 张凤霞,王岗.论残疾人体育活动的目的、意义与特点[J].山西师大体育学院学报,2002(1):11-12,19.

[142] 唐汉.特奥会与残奥会的区别[J].中国残疾人,2006(2):53.

[143] 魏中.体育合作学习模式对大学生社会适应能力影响的实验研究[D].昆明:云南师范大学,2008.

[144] 须晓东.老年人运动处方的原理与设计[J].体育世界:学术版,2008(4):59-60.

[145] 定康.健康的标志[J].新农村,1996(2):27.

[146] 思思.最健康的作息时间表[J].商业会计,2010(14):81.

[147] 常元勋.环境污染对人体健康的影响[J].中国全科医学,2006(13):1080-1081.

[148] 作者不详.不得不知的烟毒[J].宁波通讯,2011(10):61.

[149] 王晓霞.略论大学生心理健康的标准及意义[J].前沿,2001(10):60-62.

[150] 国家体育总局.国民体质测定标准手册(老年人部分)[EB/OL].[2003-12-8].http://www.sport.gov.cn/n16/n41308/n41323/n41345/n41426/n42527/n42587/171311.html.

[151] 国家体育总局.国民体质测定标准手册(成年人部分)[EB/OL].[2003-12-8].http://www.sport.gov.cn/n16/n41308/n41323/n41345/n41426/n42527/n42587/171344.html.

[152] 国家体育总局.国民体质测定标准手册(少儿部分)[EB/OL].[2003-12-8].http://www.sport.gov.cn/n16/n41308/n41323/n41345/n41426/n42527/n42587/171330.html.

[153] 国家体育总局.国民体质监测工作规定[EB/OL].[2003-12-8].http://www.sport.
gov.cn/n16/n41308/n41323/n41345/n41426/n42527/n42587/171387.html.

[154] 国家体育总局.2014年国民体质监测公报[EB/OL].[2015-11-25].http://www.
sport.gov.cn/n315/n329/c216784/content.html.

[155] 张翌华,陈乐琴.健步走运动人群定量负荷运动前后心率变异性研究[J].体育研究与
教育,2016(5):100-103.

[156] 作者不详.教育部印发普通高等学校本科专业目录(2012年)[EB/OL].[2012-10-
12].http://www.gov.cn/fwxx/wy/2012-10/12/content_2242157.htm.

[157] 卢火.试论学校体育的发展与群众体育的结合[J].山东体育科技,2001(4):57-59.

[158] 杨立超.我国全民健身路径工程发展历程、存在问题及对策[J].浙江体育科学,2010
(2):7-12.

[159] 新华社.中华人民共和国主席令(第3号):《中华人民共和国残疾人保障法》[EB/
OL].[2008-4-24].www.gov.cn.

[160] 国务院.关于印发全民健身计划(2016—2020年)的通知 EB/OL].[2016-6-15].
http://www.gov.cn/zhengce/content/2016-06/23/content_5084564.htm.

[161] 张燕,马宗武.港口经济辞典[M].北京:人民交通出版社,1993.